AF276471

folletos

12.-

Abdennur Prado

El islam como anarquismo místico

VIRUS

Título: El islam como anarquismo místico

Diseño de colección: Pilar Sánchez Molina y Silvio García-Aguirre
Diseño de cubierta: Virus Editorial

Edición y maquetación: Virus Editorial
Corrección ortotipográfica y de estilo: Virus Editorial
Corrección de galeradas: Rita Soler Colin

Segunda edición: junio de 2025

ISBN: 978-84-17870-47-8
Depósito legal: B-11283-2025

VIRUS Editorial i Distribuïdora, SCCL
C/ Junta de Comerç, 18, baixos
08001 Barcelona
Tel. / Fax: 934 413 814
editorial@viruseditorial.net
www.viruseditorial.net

Índice

Este ensayo tiene como origen una conferencia pronunciada en el marco del Festival OVNI (Observatorio de Vídeo No Identificado), en el CCCB (Centro de Cultura Contemporánea de Barcelona), el 29 de mayo del 2009.

A Toni Serra y Dídac Lagarriga

El poder pertenece solo a Al-lâh. (6: 57)

Dijo Muhámmad, el Mensajero de Al-lâh: «Al-lâh ha establecido las provisiones de los pobres en las haciendas de los ricos. Si existen hambrientos y desnudos, se debe a las transgresiones de los ricos».[1]

---

[1] Todos los dichos citados del profeta Muhámmad pertenecen a las colecciones más conocidas y aceptadas por los musulmanes. En este caso, Hakim al-Nishaburi, *Al-Mustadrak ʿala al-Sahlhayn*, tomo I, p. 509.

Con el nombre de Al-lâh,
el Matricial, el Matriciante

El título de este ensayo reúne tres palabras fuertes, cargadas de connotaciones. Cada una de ellas ya resulta difícil de fijar, casi diríamos que se niega a ser fijada, desea permanecer irresuelta, no codificada: «islam», «anarquía», «mística». Tres palabras inquietantes, pues nos remiten a posibilidades no realizadas, apenas esbozadas, o que se desvanecen una vez logradas, sin que sea posible darles una continuidad artificial. Y, sin embargo, siguen viviendo en nosotros como una posibilidad latente de realización individual y colectiva, al margen de las grandes estructuras de poder que esclavizan al ser humano. Una espiritualidad al margen de la religión instituida, una vida en común al margen del capital y del Estado. Una concepción espiritual y comunitaria basada en la relación directa, sin mediaciones, entre el ser humano, la Realidad Única y el resto de la creación. Una comunidad abierta, sin otro presupuesto que la unidad de todas las criaturas en Al-lâh, principio creador, fuerza matriz de la existencia.

Islam

Una traducción concisa de la palabra árabe *islam* sería «libramiento o sometimiento a la realidad». Aunque aquí la palabra «sometimiento» debe entenderse como un acto de conciencia: reconocimiento de que dependemos de Al-lâh, la Realidad Única, de que somos seres contingentes y acabables, sometidos a las condiciones eternas de la vida. Hablaremos pues del islam. Pero es necesario dejar claro desde el primer momento que nos referiremos a nuestra comprensión o recepción personal del mensaje transmitido por el profeta Muhámmad, contenido en el Corán y ejemplificado en su conducta (sunna o praxis profética). No nos referiremos a las manifestaciones históricas posteriores, ni a los califatos omeya, abasida u otomano, y aún menos a los Estado nación contemporáneos que se califican a sí mismos como «islámicos». Estos tienen tanto que ver con el islam de Muhámmad como pueda tener el cristianismo de Jesús con respecto al gobierno del emperador Constantino o del general Franco. La utilización reaccionaria de la religión ha sido una constante a lo largo de la historia. Tal y como trataremos de mostrar, los términos «islam» y «Estado» son incompatibles. La pretensión de que pueda existir algo así como un «Estado islámico» solo puede realizarse mediante la manipulación o el más completo desconocimiento del significado de uno y otro término.

En una situación «normal» no habría que decirlo, pero es necesario recalcarlo a causa de lo generalizado de las manipulaciones en este terreno: cuando hablamos del islam como anarquismo místico, nos referimos al mensaje del Corán y a las enseñanzas del Mensajero de Al-lâh. Una cosa es el islam practicado y vivido en la comunidad profética de Medina —en la cual no existían ni clérigos, ni alfaquíes, ni ulemas, ni tribunales, ni una ley codificada, ni policías, ni la más mínima estructura político-administrativa—, y otra cosa es la religión codificada y sus instituciones posteriores, surgidas de un proceso de elaboración sujeto a las influencias del poder y a los condicionantes de cada época. Por la misma razón, tampoco me referiré al *fiqh* o jurisprudencia islámica tradicional, pues no resulta apropiado reducir el islam a las construcciones jurídicas del periodo clásico, una compleja jurisprudencia que abarca todos los aspectos de la vida, elaborada en el contexto de sociedades patriarcales y absolutistas. A pesar de que esta jurisprudencia es en muchos aspectos admirable, apenas reconocemos en el islam jurídico nada del espíritu revolucionario original. Al hablar del islam como anarquismo místico lo que nos estamos proponiendo es precisamente esta recuperación, frente a una tradición cosificada en dogmas, leyes y doctrinas. Deberemos, pues, dejar de pensar en el islam como una religión histórica y pasar a entenderlo como una experiencia radical de entrega consciente al Creador de los cielos y la tierra. Ese es el sentido originario de la palabra árabe «islam».

Por otro lado, las referencias al islam histórico suelen quedarse en el ámbito del poder instituido, como si este constituyese un todo monolítico que lo abarcase todo, y pasan por alto los numerosos espacios o experiencias alternativas que han tenido lugar a lo largo de los siglos. El mundo islámico se caracteriza desde sus inicios por la proliferación de corrientes y de modos de entender y vivir el islam, en el plano tanto individual como colectivo. Existen pensadores del periodo clásico que pueden ser calificados como anarquistas, como los mutazila Abu Bakr al-Asamm y Hisham al-Fuwati, o el filósofo andalusí Abu Bakr ibn Baÿÿa, conocido como Avempace,[1] o la corriente de los najditas, para los cuales no era necesario ningún tipo de gobierno. Tanto los comunistas como los anarquistas turcos han evocado al sheij Bedreddin (1359-1420) como su ilustre antecedente, líder de una revuelta protocomunista y antifeudal contra el Sultán otomano el año 1416, basada en la idea coránica de que todo pertenece en exclusiva a Al-lâh, con el lema «comparte todo lo

---

[1.] Sobre el cual hemos escrito un ensayo: *Una lectura anarca de Avempace*, inédito, lc.cx/gtwtXc.

18

que tienes, excepto los labios de tu persona amada». También Ibn Jaldún antepuso el ideal ético de la ayuda mutua y la cooperación entre los miembros de una comunidad a la obediencia al Estado, forma de gobierno que (según él) corresponde al estadio de la animalidad humana. Podríamos también mencionar a los cármatas, a los malamatis y a los sufíes qalandaríes, con el objetivo de mostrar que corrientes cercanas al comunismo y al anarquismo están presentes en la historia del islam, en abierta oposición a cualquier forma de poder constituido.[2] Actualmente podemos citar a Hakim Bey (Peter Lamborn Wilson), con su utopía pirata y sus zonas temporalmente autónomas.

Anarquismo

Por *anarquismo* entendemos la quiebra de las relaciones de poder como base de la vida social y el rechazo de toda autoridad externa al ser humano. El sentido etimológico meramente negativo de la palabra «anarquismo» —ausencia de gobierno— no logra expresar todo lo positivo que el término contiene, como aspiración a una vida libre de cadenas. La palabra griega

---

2. La arabista Patricia Crone ha dedicado un artículo a los «anarquistas musulmanes del siglo IX». Véase «Ninth-century muslim anarchists», *Past and Present,* n.° 167, 2000, pp. 3-28.

«archós» significa «soberano», «jefe», «comandante». «Anarquía» quiere decir «ausencia de gobierno/estar sin gobierno», pero también «ausencia de soberano/vivir sin jefe». Se trata, pues, de un término que alude a lo político, aunque de forma negativa. El anarquismo se ha presentado a menudo como una recusación o denuncia de la política, por lo menos de la política tal y como hoy en día es practicada, como teatro de las representaciones y enmascaramientos. La política que propone es eminentemente antipolítica, destructora de todos aquellos mitos sobre los cuales un Estado fundamenta su poder: la patria, la raza, la moral, la religión, la propiedad, el pueblo, la familia, etcétera Postula la desaparición del Estado como instancia reguladora de las relaciones sociales, afirmando que su poder es contrario a la naturaleza de las cosas, a la libertad individual y a las aspiraciones de justicia inherentes a la condición humana. El problema es que el Estado y el capital y sus múltiples tentáculos interfieren y destruyen las relaciones que los miembros de una sociedad *normalmente* establecerían entre ellos. No es posible ser caritativos —solidarios— si el capital aprieta y el Estado nos carga de impuestos. No podemos interactuar libremente con los otros si el Estado interfiere con sus leyes, reglamenta las relaciones humanas hasta hacerlas desaparecer, transformadas en mera con-vivencia, sin que sea necesario compartir, ni interactuar, ni siquiera conocer a nuestros vecinos más cercanos.

Cuando hablamos del aparato del Estado, hablamos también de muchas otras cosas. Hablamos de los *mass media*, mediante los cuales las identidades son transformadas en imagen o producto de consumo. Hablamos de la sociedad del espectáculo, retratada por Guy Debord. Hablamos del mundo de la representación, que hace de las identidades pura fantasmagoría —no individuos que se comunican, que se aman y se odian, y se pertenecen los unos a los otros—. Hablamos del consumo, de la publicidad, de la cultura de masas, de la banca, del fútbol, de la bolsa, de las corporaciones financieras, de las marcas, de las compañías de seguros. Hablamos del sistema, de ese entramado jurídico-político-económico calificado por Foucault como «la red de secuestro dentro de la cual está encerrada nuestra existencia».[3]

El anarquista considera que la autoridad del Estado es la fuente de numerosos males, el canal mediante el cual el egoísmo de unos pocos domina sobre los intereses de la mayoría. Y esto es algo independiente de la forma en que el Estado sea gobernado, es aplicable a una dictadura del proletariado, a una democracia parlamentaria o a un sistema abiertamente fascista. Unos Estados son sin duda más benévolos que otros, pero para el anarquista es evidente que el poder del Estado es en esencia coercitivo y que el Estado es el vehículo

---

[3.] Michel Foucault, *La verdad y las formas jurídicas*, trad. Enrique Lynch, Gedisa, Barcelona, 2003, p. 129.

mediante el cual otros poderes ejercen su dominio. Es cierto que en la actualidad el Estado en el Tercer Mundo actúa como freno de los desmanes del libre mercado y que existen corrientes neoliberales que abogan por su desaparición. En el contexto del monoteísmo del mercado, la desaparición del Estado sería una panacea para las grandes multinacionales, que rápidamente se harían dueñas de la situación y eliminarían los servicios sociales y los derechos laborales, poniendo al ser humano enteramente al servicio del mercado y posibilitando la explotación ilimitada del planeta. Pero también es cierto que las grandes corporaciones financieras que hoy destruyen el planeta han surgido, crecido y actuado desde hace varios siglos bajo el paraguas de los Estados de Occidente, cuyos ejércitos garantizan su libre desarrollo en todo el mundo. Y también es cierto que la guerra sigue siendo la expresión máxima de la unión del capital y del Estado, de ahí la íntima conexión entre Estado, colonialismo y expansión capitalista, una alianza que marca las relaciones internacionales a principios del siglo XXI. El Estado son tanques, nos decía un profesor de historia. Opresión política, opresión cultural, opresión militar y opresión económica van de la mano.

La solución, en último término, no puede consistir por tanto en reforzar a los Estados débiles para hacer frente a los Estados fuertes. La solución pasaría por la abolición (o como mínimo reducción drástica) del Estado y la instauración de nuevas formas de administración y de regulación de la economía y de la propiedad: descentralización y federalismo, asambleas locales, cooperativas, mutualismo. Los anarquistas, aun rechazando toda autoridad externa, admiten la necesidad de un control de las actividades financieras, para evitar el monopolio o la apropiación de los bienes comunes y de los medios de producción por parte de unos pocos. Donde el anarcocapitalismo sitúa el mercado, los anarquistas sitúan la cooperación y la ayuda mutua. Para Benjamin Tucker, el anarquismo insiste...

> ... en la abolición del Estado y la abolición de la usura; en ningún gobierno del hombre sobre el hombre y ninguna explotación del hombre por el hombre.[4]

Por eso el anarquismo es una forma de socialismo, e incluso existe un anarcocomunismo (una de las grandes disputas dentro del anarquismo se da entre los partidarios del comunismo y los del colectivismo: el islam estaría más cerca del segundo). La crítica de Bakunin a la dictadura del proletariado es del todo certera en este punto: podemos anular el capitalismo e instaurar la dictadura del proletariado, pero el resultado será igualmente opresivo. Sin embargo, si eliminamos el Estado y no el capitalismo, la explotación del hombre

---

4. Citado en Eunice Schuster, *Native American anarchism*, Da Capo Press, Nueva York, 1999, p. 140.

por el hombre sería ilimitada. De ahí la famosa proclama de Bakunin:

> *Estamos convencidos de que la libertad sin socialismo es privilegio e injusticia, y de que socialismo sin libertad es esclavitud y brutalidad.*[5]

La lucha de los anarquistas contra la dominación tiene, pues, dos frentes principales: contra la dominación política y contra la dominación económica. Pero se extiende contra cualquier forma de dominación u opresión de unos sobre otros: dominaciones sexuales, religiosas, sociales, culturales... Sería, por tanto, un error reducir el anarquismo a su dimensión política y económica. El anarquismo es mucho más que eso: una forma de vida profundamente ética, basada en una visión del mundo y del ser humano como criatura integrada en la naturaleza, de la naturaleza, como un proceso dinámico y siempre abierto a nuevos desarrollos. El anarquista, como la existencia, fluye; quiere fluir con la existencia. Por eso, se niega a definir la sociedad igualitaria por la que combate: tras la supresión del gobierno, los hombres decidirán cómo organizarse. ¿Quiénes somos nosotros para decir cómo lo harán? De lo que está seguro es de su negativa a aceptar como *normales* o como *necesarias* las injusticias cotidianas. Abraza como

---

5. Grigori Petrovich, *The political philosophy of Bakunin,* Free Press, Nueva York, 1953, p. 269.

24

a hermanos a los marginados: locos, presos, vagabundos, prostitutas. Los considera más dignos de respeto que a reyes, obispos, jueces, generales o banqueros. Al anarquista la injusticia que pueda sufrir cualquiera de sus semejantes le resulta insoportable y, por ello, vive en rebeldía. Toda injusticia es el efecto de la corrupción y el abandono de lo natural/inmediato por lo artificial/mediatizado. La ética anarquista es más bien ascética: elogia la simplicidad y la frugalidad, y desprecia el lujo y lo superfluo. El anarquista busca lo auténtico y se aleja de todo aquello que embrutece. Por eso, no extraña saber que, cuando los anarquistas lograron fundar comunidades libertarias en Andalucía, durante los primeros años de la Guerra Civil española, algunas de sus primeras medidas fueron el cierre de tabernas y burdeles, instituciones burguesas creadas para embrutecer/alienar/esclavizar al ser humano.

Aunque nos referimos al anarquismo surgido en la tradición política occidental, el anarquismo constituye un fenómeno ancestral, que no puede ser reducido a la historia europea sin caer en el eurocentrismo. Eso sería una contradicción en términos: desde el momento en el cual el anarquismo se presenta como la forma de organización natural de los seres humanos, sería impropio decir que el anarquismo pertenece a la cultura occidental o explicarlo únicamente mediante categorías políticas propias de la modernidad occidental. Esto es algo que han dejado claro diversos teóricos del anarquismo. Según Kropotkin, las raíces históricas del anarquismo se remontan a la Edad de Piedra, y ha existido siempre: «La palabra "anarquía" [...] invoca el recuerdo de los más bellos momentos de la vida de los pueblos». La vida en comunidad sin necesidad de establecer un gobierno rígido es una constante a lo largo de la historia, consustancial al ser humano en cuanto criatura social y, al mismo tiempo, autónoma, poseedora de las claves internas que le permiten desarrollarse plenamente sin necesidad de ser coaccionada. Lo que constituye una aberración es el desarrollo avasallador del autoritarismo de los gobiernos y las instituciones religiosas y financieras, su capacidad de llegar a los últimos rincones y de regular los mínimos aspectos de la vida de las gentes.

Mística

La tercera palabra o el tercer paradigma que quiero introducir es el de la *mística*. Etimológicamente, alude al misterio. Viene del griego *mystikós*, algo que está cerrado, que pertenece al secreto. La mística se presenta como una experiencia de unión inefable con el uno, que trasciende las categorías y los marcos conceptuales. No se remite a un saber codificado para su uso. Se trata de un encuentro entre el ser humano y la unidad, entre la criatura separada y el todo que la acuna, una fusión indecible, que no puede ser conceptualizada. El yo es aniquilado y, sin embargo, permanece, se expande la conciencia y se reconoce su pertenencia a lo abierto, a un Poder Creador anterior a nuestro propio nacimiento. Una fuerza matriz que se manifiesta a cada paso, como misericordia creadora, el Amor que mueve los cielos y la tierra. La mística es secreta porque es indecible: los conceptos creados por el ser humano no son capaces de expresar la experiencia unitiva, pues son una proyección de sus carencias, pertenecen al mundo de la dualidad. Pero el místico experimenta la unidad de los opuestos, la superación de todo dualismo. Por ello se ve necesitado de expresarse mediante metáforas, oxímoron y metanoias: la música callada, la luz negra, la cuadratura del círculo.

El místico revienta el lenguaje, lo hace trizas en busca de una palabra nueva, que logre expresar la experiencia indecible de la fusión con la realidad. Las categorías creadas por el ser humano desaparecen en el Uno. Trascendencia-inmanencia, cuerpo-espíritu, arriba-abajo, sagrado-profano, Creador-criaturas... Todo eso es charlatanería de teólogos. Es por ello una liberación de toda idolatría, especialmente de la idolatría metafísica consistente en concebir un Dios lejano entronizado en majestad, en los cielos abstractos de la metafísica. Ese Dios infinito, perfecto, bueno, todo amor no es sino una proyección de las miserias humanas, de las carencias y la mala conciencia de los hombres. El místico se aleja del teólogo y del hombre religioso. La mística choca indefectiblemente con la religión instituida.

27

Antepone la experiencia a la creencia, lo único que le atañe es el saboreo del vino de Al-lâh, el saboreo de la realidad, de una conexión interior con todo lo creado. La embriaguez mística genera espacios de liberación y abre nuevos territorios que hacen posible expandir dicha experiencia hasta límites insospechados.

La palabra «mística» es utilizada aquí como adjetivo de «anarquismo». Al adjetivarlo como «místico», estamos diciendo que el anarquismo islámico es diferente del anarquismo como ideología característica de la tradición política europea. Estamos diciendo que tiene una dimensión de apertura al origen que el anarquismo muchas veces ha negado. El islam no es una ideología, no tiene su fin último en el terreno de las relaciones humanas. Es un modo de vida integrado, que nos orienta hacia Al-lâh y la última vida. Tampoco se nos escapa que la palabra «misticismo» aparece a menudo en los textos anarquistas como sinónimo de irracionalidad y de supersticiones, una religiosidad exaltada y alejada de lo sano y razonable, que mantiene a las gentes alienadas de los problemas económicos y reales de la vida cotidiana. Y, sin duda, eso mismo sucede hoy en día con la religión instituida y con muchas manifestaciones populares de religiosidad.

Se comprende que para muchos no esté nada claro que pueda existir ya no un «anarquismo islámico», sino algo así como una «mística anarquista», o un «anarquismo místico», desde el momento en que el anarquismo rechaza de entrada la religión, considerándola como un instrumento de opresión del ser humano. No hace falta decir que el anarquista es radicalmente anticlerical y, en la mayoría de las ocasiones, antirreligioso. Está en contra de toda institución que pretenda ejercer control o gobernar la vida de las gentes. Pero la mística contiene en sí misma la noción de una espiritualidad liberada de las formas, de la tiranía de las instituciones, de los dogmas y de las doctrinas. No una espiritualidad individualista o egocéntrica, que no sería sino una contradicción en términos, mera proyección de nuestro ego, sino una espiritualidad centrada en la experiencia. Es, por tanto, corporal, material. Una espiritualidad telúrica. Además, existe una conexión histórica entre revolución igualitaria y mística. En la historia europea, se observan componentes anarquistas en movimientos anabaptistas, adamitas, ranters, cuáqueros... Movimientos milenaristas o revolucionarios que cambiaron el curso de la historia de Europa, con la predicación del milenio igualitario y la abolición de las jerarquías y de la propiedad privada. Los anarquistas pueden reivindicar el ateísmo, incluso el materialismo histórico. Pero no pueden negar que muchos de los valores, ideas e incluso prácticas por ellos propuestas se han dado anteriormente con un lenguaje *religioso*. Tampoco pueden olvidar las figuras de Lev Tolstói y Gustav Landauer, entre otras, quienes ya reivindicaron hace más de un siglo la conexión entre mística y anarquismo.

Muchos de los lectores, al ver tan cercanas las palabras «mística» e «islam», habrán pensado en el sufismo. Pero, al hablar del islam como «anarquismo místico», no me estoy refiriendo al sufismo, como corriente islámica diferenciada, sino al islam en sí, tal y como lo enseñó y se muestra en la praxis del profeta Muhámmad. Históricamente, el sufismo nace como una reacción a la cosificación del islam realizada por teólogos y jurisconsultos, como deseo de retorno a las bases espirituales e iniciáticas. En este sentido, es indudable que encontramos en el sufismo muchos elementos de esa espiritualidad libertaria característica de las enseñanzas del Profeta. Pero también es cierto que en la historia del sufismo nos encontramos con lo opuesto, hasta el punto de que algunas cofradías sufíes han llegado a tener un poder inmenso, económico y político, a establecer dinastías que han gobernado grandes territorios e, incluso, a ser grandes propietarias. Al lado del derviche vagabundo que desprecia el poder y no reconoce ninguna autoridad terrestre, encontramos al sheij totalitario, que viste pomposas ropas y se otorga títulos sublimes, y al cual sus seguidores reverencian y deben obediencia. El sufismo es un fenómeno complejo y es reductor presentarlo como «la mística del islam». No es necesario ser sufí para ser musulmán y tender hacia lo místico. El islam en sí mismo propone una vía mística, en la medida en que se funda en la experiencia del profeta Muhámmad. Se puede aspirar a realizar la experiencia mística siendo musulmán y situándose de espaldas o al margen del sufismo de las cofradías.

Convergencias y divergencias

Una última aclaración será necesaria, antes de que entremos en materia: no pretendemos que el islam deba ser definido como «un anarquismo místico». Por ello, recalcamos que el título de este escrito introduce una cuarta palabra, la preposición *como*. Nos situamos en el reino de la analogía: la voz *como* aliento compartido, tu cuerpo *como* abrigo. La analogía no señala una identidad total, sino una serie de vasos comunicantes que justifican el encuentro. La analogía muestra que, al margen de las diferencias, existe un amplio terreno compartido. Entrar en este terreno puede resultar fecundo, en la medida en que nos ayuda a destruir muchos mitos o imágenes o dogmas académico-mediáticos establecidos en torno al islam y al anarquismo.

No se trata de demostrar nada, forzando la analogía, sino de poner sobre la mesa una serie de elementos comunes al islam y al anarquismo, cuya cercanía se hace evidente una vez enunciados. El islam considerado en cuanto que anarquismo místico nos sirve para indagar tanto en la naturaleza del islam, como tradición revelada, como en la naturaleza del anarquismo, como ideario político o contrapolítico sustentado en una ética y en una visión positiva del ser humano y de las relaciones naturales, que incluye normas relacionadas con la economía, tendentes a lograr una sociedad justa. Nos sirve también para pensar nuevas formas de resistencia en el presente, en un momento en el cual la rebelión a la opresión se da a escala planetaria y en el cual parece urgente buscar puntos de encuentro entre mundos que parecían alejados. Buscar puntos de encuentro y pensar en objetivos compartidos no pasa por pretender la equivalencia. No negamos, pues, la existencia de otros elementos que chocan entre sí o que puedan resultar difíciles de conciliar. Por ejemplo, el concepto islámico sobre la familia y, sobre todo, el hecho de que el anarquismo parece refractario a un típico discurso islámico sobre lo *halal* y lo *haram*, lo lícito y lo ilícito, que a menudo adopta una forma típicamente legalista. Tampoco tenemos claro que sea inteligible desde la tradición anarquista occidental el concepto de la autoridad de la revelación.

Tal vez la divergencia mayor está en el hecho de que el islam en ningún caso es una utopía política, ni el musulmán se hace ilusiones sobre la posibilidad de instaurar en la tierra un reino milenario, en el cual la fraternidad universal se haya realizado. Ese tipo de discursos suelen ser la proyección de otro tipo de carencias. En todo caso, aquí es donde la influencia cristiana puede ahogar el anarquismo, transformarlo en una doctrina metafísica más. El pensamiento utópico es ajeno al islam, ya que el islam significa aceptación y reconocimiento gozoso de la realidad, tal y como es, y no tal y como nosotros la soñamos. Dice el Corán: «Hemos creado al ser humano en tensión» (90: 4) y también nos recuerda que el esfuerzo y la lucha son parte de la creación, que sin lucha no hay posibilidad alguna de crecimiento.

El musulmán acepta la vida como el lugar en el cual debe tratar de superarse, mediante el *yihad* (esfuerzo de superación), no abandonando el mundo en pos de un sueño de pureza, sino entrando a saco en él, hasta su misma médula, con todas sus pasiones y defectos. El islam es la vida en estado natural, no una hermosa teoría sobre lo que podría ser, pero no ha sido. Pretender anular el conflicto en que consiste la vida es pretender anular la efervescencia y la inquietud que hacen avanzar al ser humano. El horizonte al cual se orienta el musulmán está siempre más allá de cualquier objetivo mundano concreto, pues el corazón del hombre que se orienta a Al-lâh se ensancha hasta abarcar el horizonte.

Este texto, pues, no se debe leer en clave utópica, ni como parte de ningún proyecto político concreto. Más bien, debe entenderse como expresión de nuestra conciencia de la irrealidad de todo intento de dominio de la creación y como una invitación a fluir con la existencia, a dar la espalda al mundo de las representaciones que nos esclavizan, a orientarse a la realidad en sí misma y pensar desde allí nuevas formas de combate. En el momento presente, a principios del siglo XXI, cuando las grandes corporaciones y los poderes mediáticos poseen un poder y una capacidad de control casi ilimitados, las formas de resistencia no se dan como grandes ideales o proyectos de carácter totalizador, sino como pequeñas resistencias individuales y comunitarias. Cada uno tiene su combate personal, pero debe asegurarse de que dicho combate adquiera dimensión comunitaria: es en el encuentro con el otro como el ser humano se hace humano, capaz de cumplir su cometido en este mundo. Vivir como un anarca en medio de la sociedad de control y de la sociedad del espectáculo, juntarse con otros hombres y mujeres libres que rechazan la tiranía, dar la espalda a toda esa basura de neón con la cual nos hipnotizan, crear espacios liberados en medio del presente secuestrado. Sabedores de que cualquier intento de cosificar dicha experiencia libertaria corre el riesgo de ser engullida por la máquina. Sabedores de que el sistema se nutre de pequeñas resistencias, que desea el enfrentamiento directo, la violencia que lo justificará a los ojos de las masas, pero que, en última instancia, preferirá alistarnos antes que aniquilarnos. La resistencia que el musulmán opone (sea cual sea la forma particular que adopte) se basa en la conciencia de la irrealidad de los poderes de este mundo. Resistir a la tiranía es más que nunca necesario, pero sin caer en la trampa de darle una realidad que no posee. La única realidad es Al-lâh y quien está junto a Al-lâh ya vive liberado, si Al-lâh quiere. Es decir: el musulmán se confía a una fuerza anterior a nosotros que nos ha dado la existencia y, al hacerlo, deja de idolatrar sus propias posibilidades de éxito o fracaso. En este momento puedo decir con Pier Paolo Pasolini: «asumo la culpa de luchar rindiéndome».[6]

_____

[6.] Pier Paolo Pasolini, *Poesía en forma de rosa*, Visor, Madrid, 1982, p. 227.

En cualquier caso —y esto es importante para los lectores anarquistas—, creo que una mirada anarquista sobre el islam nos ayuda a rescatar los elementos libertarios y a poner bajo la mirada crítica la carga reaccionaria (clericalismo y tradicionalismo) que toda religión histórica acarrea. Una tarea necesaria en el contexto global, en el cual el encuentro entre activistas musulmanes y otros luchadores por la justicia es tan necesario como inevitable.

Tras estas aclaraciones iniciales, entramos en materia. En las próximas páginas, nos proponemos mostrar que existe un fondo anarquista inherente al islam. Este anarquismo merece ser puesto en primer plano, frente a las representaciones instauradas por el aparato represor de los *mass media*, pero también frente al islam de los clérigos reaccionarios, transformado en una religión de Estado, al servicio del dominio planetario de las grandes corporaciones financieras de Occidente. Que Al-lâh nos guíe y nos dé luz. Que su misericordia recorra este escrito y se derrame sobre los lectores como la palabra del ser libre recorre la garganta y derrama la sangre del tirano.

Sometimiento a la realidad

La palabra «islam» significa «sometimiento o entrega a Al-lâh». Pero debemos recalcar que significa sometimiento *únicamente* a Al-lâh, la Realidad Única, eterna e increada. Esto implica que el musulmán no se somete a nada temporal y creado, no acepta como un absoluto ningún poder humano, ni instituciones ni personas. El musulmán no reconoce otro poder que el poder de Al-lâh: *La hawla wa la quawata il-la bil-lâh* (no hay fuerza ni poder salvo en Al-lâh). El musulmán afirma que Al-lâh es al-Malik, el Rey, lo cual significa que Al-lâh es el único soberano al cual reconoce como tal. Pero también se dice que Al-lâh es el único legislador, o que es el único propietario. Ni el poder de gobernar ni de legislar, ni el derecho a la propiedad pueden ser ejercidos de modo absoluto por ningún ser humano, ni por ninguna institución o doctrina que haya sido creada y pertenezca al mundo de las criaturas. El Corán es taxativo a la hora de negar toda pretensión de soberanía por parte de los hombres:

> *Aquel a quien pertenece la soberanía de los cielos y la tierra, y no ha tomado ningún hijo ni comparte la soberanía con nadie.* (25: 2)

> *Y él es el [único] que puede subyugar y [es el único] que está por encima de sus siervos.* (6: 18)

Frente al poder real de Al-lâh, el hombre inventa unas estructuras de poder, se da a sí mismo la ficción de la soberanía. Pero esta pretensión es rechazada de forma taxativa en el islam, lo cual incluye el desprecio por reyes y tiranos. Existen hadices elocuentes al respecto. En uno de ellos se dice que Al-lâh cogerá por el cogote a los reyes y les dirá: «¿Quién es el rey?». Y luego los dejará caer y estarán cayendo durante cuarenta años hasta ir a parar al fondo del infierno, el lugar que en verdad les corresponde. Citamos otro hadiz, en el que Al-lâh se encara con los reyes:

> Al-lâh —poderoso y majestuoso— cuando sea el día de la resurrección, reunirá los siete cielos y las dos tierras en un puño y luego dirá: «Yo soy Al-lâh, soy el Clemente, soy el Rey, soy el Insondable, soy la Paz, soy el Hegemónico, soy el Poderoso, soy el Avasallador, soy el Soberbio, soy el que ha hecho comenzar el mundo y no ha habido algo que no haya hecho revivir... ¿Dónde están los reyes? ¿Dónde están los avasalladores?».[7]

Al-lâh es también as-Salam, la Paz: no hay paz absoluta excepto en Al-lâh. La vida de las criaturas es conflicto, avanza como el río de Heráclito, sin hallar más reposo que en su propio carácter dinámico y tumultuoso. Al-lâh no cesa de crear, está a cada instante en una nueva creación.

---

[7] Abû-sh-Shayj, *Al-'Izma*, citado en Abdelmumin Aya y José F. Durán Velasco (eds.), *Cent quinze hadisos qudsi*, Llibres de l'Índex, Barcelona, 2008, p. 28.

Al-lâh es también al-Adl, la Justicia: toda justicia humana es relativa, está sometida a los intereses de aquellos que hacen las leyes y que las aplican. La justicia de Al-lâh es otra cosa: lo justo es lo apropiado, lo que se ajusta a lo propio. Según el Corán, el mundo ha sido creado en la Justicia, esto es, en equilibrio permanente. El símbolo de la Justicia es *al-mîçân*, la balanza. El equilibrio de fuerzas complementarias está en la base de la creación: entre lo activo y lo pasivo, lo masculino y lo femenino, el cielo y la tierra, el cambio y la permanencia, etc. Este mismo equilibrio debe regir las relaciones entre las personas y de estas con la naturaleza. El islam es el camino de en medio: armonía entre lo interior y lo exterior, entre el precio y el objeto, entre la razón y los instintos. También entre las necesidades corporales y las espirituales, o entre lo individual y lo colectivo. Cualquier exceso a favor de uno de estos polos va en detrimento del otro y da como resultado seres deformes. Romper este equilibrio es algo que solo está en manos de los hombres: sobre ellos ha sido depositada la confianza de Al-lâh y solo ellos pueden traicionarla. Injusto es todo acto, palabra o pensamiento que rompe este equilibrio natural.

Y Al-lâh es al-Hakim: el Sabio, el único que realmente sabe, frente al cual todo saber humano es relativo, está sujeto a la temporalidad y a las circunstancias. El saber institucionalizado responde siempre a un mandato de poder, no puede escapar de lo subjetivo y alcanzar esa visión completa que solo Al-lâh posee. Por eso, los musulmanes dicen: *wa Al-lâhu alim*: y Al-lâh es el (único) que sabe.

Las criaturas pueden participar en cierto modo de la soberanía, de la paz, de la justicia, de la sabiduría... pero siempre de forma limitada y defectuosa. Frente al poder de los Gobiernos, frente a la paz de los ejércitos y de los poderosos, frente a la justicia de los policías y los jueces, frente al saber de las Universidades e instituciones vinculadas al poder, se alzan la soberanía, la paz, la justicia y el saber de Al-lâh, como una recusación de toda pretensión humana de controlar la vida y sus procesos en nombre de un proyecto político cualquiera.

Crítica de Bakunin a la religión

En su libro *Dios y el Estado*, Bakunin nos ofrece la crítica anarquista a las relaciones tradicionales entre la Iglesia y el Estado:

> *El cristianismo es la religión por excelencia, porque expone y manifiesta, en su plenitud, la naturaleza, la propia esencia, de todo sistema religioso: el empobrecimiento, el sometimiento, el aniquilamiento de la humanidad en beneficio de la divinidad [...]. Siendo Dios el amo, el hombre es el esclavo. Incapaz de hallar en sí mismo la justicia, la verdad y la vida eterna, no puede llegar a ellas*

más que mediante una revelación divina. Pero quien dice revelación, dice reveladores, mesías, profetas, sacerdotes y legisladores inspirados por Dios mismo; y una vez reconocidos aquellos como representantes de la divinidad en la Tierra, como los santos institutores de la humanidad, elegidos por Dios mismo para dirigirla por la vía de la salvación, deben ejercer necesariamente un poder absoluto. Todos los hombres les deben una obediencia ilimitada y pasiva, porque contra la razón divina no hay razón humana y contra la justicia de Dios no hay justicia terrestre que se mantenga. Esclavos de Dios, los hombres deben serlo también de la Iglesia y del Estado, por cuanto que este último es consagrado por la Iglesia.[8]

Una crítica a la religión puesta al servicio del Estado que compartimos, pero que no pensamos que pueda ser extrapolada a toda forma de espiritualidad y menos al islam enseñado por el profeta Muhámmad. De hecho, esta crítica deja de tener sentido en el momento en que una religión niegue de forma expresa cualquier forma de sacerdocio, cualquier posibilidad de representar a Dios en la tierra, cualquier institucionalización de la creencia, cualquier forma de dominio político fundado en dicha religión. Si niega, en

---

8. Mijaíl Bakunin, *Dios y el Estado*, trad. Diego Abad de Santillán, El Viejo Topo, Barcelona, 1997, p. 119.

definitiva, la Iglesia y el Estado, y los considera como usurpaciones de un poder que solo corresponde a Al-lâh. Y este es el caso del islam, gracias a Al-lâh. Aunque Bakunin se refiere a las religiones llamadas «monoteístas», y menciona el judaísmo y el mahometismo [sic], su crítica toma como modelo de lo que es una religión el cristianismo (podríamos añadir: el cristianismo clericalizado y reaccionario del siglo XIX). De esta consideración se desprenden una serie de proyecciones cuando menos arbitrarias. Una de ellas es la proyección a otras tradiciones de la fractura metafísica entre mundo espiritual y mundo natural. Dios es la abstracción más alta, la inmovilidad, un principio abstracto y suprasensible, el gran Todo que funda «la verdadera teología y la verdadera metafísica». A partir de esta fractura, el mundo se convierte en un valle de lágrimas, la vida humana es despreciada, la humanidad y la naturaleza deben ser sacrificadas en nombre de lo suprasensible:

> Todas las religiones se basan en el sacrificio [...]. El respeto al cielo se convierte en el desprecio hacia la tierra y la adoración de la divinidad se convierte en el menosprecio de la humanidad [...]. Esto constituye el principio supremo, no solo de toda religión, sino de toda metafísica.[9]

9. Mijaíl Bakunin, *Escritos de filosofía política*, The Anarchist Library, s/l, s/f, pp. 117, 119 y 121, lc.cx/IRxm2q.

41

Sin embargo, esta fractura no corresponde necesariamente ni al islam ni a las religiones orientales, basadas en el principio de no dualidad. En el centro de la cosmovisión islámica se halla la idea de *tawhid*, la unicidad, la certeza de que toda criatura permanece unida al resto de las criaturas por su origen en lo incondicionado. Todo está en todas partes, lo cual choca con las leyes de la lógica aristotélica, pero quiere encontrar una explicación en la física cuántica. Además, en el Corán, Al-lâh es presentado como un principio dinámico, que está creando el mundo a cada instante: Al-lâh no cesa de crear.

Salta a la vista que, al hablar de «todas las religiones», en realidad, Bakunin está proyectando a todas ellas su visión negativa de la única religión que conoce de cerca y ha sufrido en carne propia. Cuando habla de Dios, en todo momento piensa en el «dios personal» del cristianismo, sin tener en cuenta que este es exclusivo de esta religión:

> *Si Dios existe, el hombre es esclavo; ahora bien, el hombre puede y debe ser libre: por consiguiente, Dios no existe. Desafío a cualquiera a salir de este círculo; y ahora, que se elija.*[10]

El círculo o elección entre dos términos opuestos que nos propone Bakunin parte de la imagen del cristianismo

---

[10] Bakunin, *Dios y el Estado*, *op. cit.*, p. 120.

institucionalizado como modelo de toda religión. Básicamente, se confunde lo que es un principio cosmológico del autosometimiento o entrega confiada a Al-lâh (a la existencia) con el principio político del sometimiento al poder, sea de la Iglesia o del Estado. Pero, para que eso se realice, debe existir alguna clase de identidad o conexión entre Al-lâh y el poder terreno, cosa que el islam niega expresamente. Por ello, sostenemos que la crítica de Bakunin a la religión como medio de esclavizar al hombre no puede ser aplicada al islam directamente, pues solo tiene sentido en el caso de una religión con Iglesia y jerarquías detentadoras de un magisterio dogmático. En el islam existe una *ortopraxis*: consenso en torno a unas prácticas (cómo rezar, cómo debe realizarse la peregrinación o el ayuno, etc.). Pero no existe una ortodoxia propiamente dicha y, de hecho, en la historia del islam han coexistido siempre interpretaciones divergentes del Corán. Lo que Bakunin considera como esencial a toda religión es, en realidad, lo que el Corán considera como lo más aberrante, el *shirk* o idolatría, asociar a Al-lâh con algo creado (ideología, sistema, mercado, monarquía... o religión). Y, para que esto suceda, Dios ha tenido que ser humanizado (divinidad de Jesús, expresamente rechazada en el Corán).

¿Qué quiere decir el musulmán cuando se proclama «siervo de Al-lâh»?

La cosmología coránica dice que el ser humano en estado de naturaleza es un esclavo (o siervo) de Al-lâh (*abdAl-lâh*), del mismo modo que el girasol es esclavo del sol, por hallarse vinculado a él de un modo orgánico. El Corán afirma que todas las criaturas son siervas de su Señor, que lo adoran según un modo intrínseco a su naturaleza. El volar, el quemar o el mojar son modos que tienen los pájaros, el fuego y la lluvia de adorar a Al-lâh, de servirle. Se trata en primer término de una cuestión cosmológica y no política, aunque esta concepción tiene implicaciones políticas evidentes. El ser «siervos de Dios» no implica, en realidad, una cadena ni una limitación exterior para la criatura, no tiene ninguna de las connotaciones negativas que en un ámbito político y social tiene el término «siervo». Se trata simplemente de un vínculo orgánico de cada criatura con el Todo, un vínculo interior y propio de su naturaleza más íntima y, por tanto, indestructible. Este vínculo es presentado en el Corán como un pacto pre-eterno, anterior a nuestro propio nacimiento. No es, pues, un pacto político ni socialmente discernible. Es el propio sí en que consiste toda vida. Cada vida no es sino una afirmación instintiva, interna, innata, del deseo de vida. Este es el vínculo indestructible que une al Creador y a las criaturas. Todas las criaturas son siervas de Al-lâh por el hecho de que todas están al servicio de un proceso vital que las rebasa.

El Corán dice: *Al-lâh Wahid*, Al-lâh Uno, la Realidad Una. *Tawhid* es una forma verbal que designa el acto de «hacer que algo sea uno», «reunificar». El sheij Al-'Alawí, uno de los más grandes maestros del Magreb en el siglo XX, nos lanza una sentencia: «El tawhid es el fuego». El fuego convierte todo lo que toca en fuego, lo hace uno con él mismo. Al-lâh es Uno porque todo se reduce hasta desaparecer en él, sumergido en el océano de su magnificencia. La afirmación habitual de que el islam es «una religión monoteísta» debe ser puesta en cuarentena, pues el islam no afirma que solo exista un dios ante el cual todos debamos postrarnos, sino que todos permanecemos sometidos a la única realidad existente, lo sepamos o no. No estamos hablando de una creencia, sino de la condición natural de toda criatura. El islam no es una forma de teísmo, en la medida en que no supone un Dios personal todo-amor-todo-espíritu en quien debamos creer, sino entregarse y permanecer abiertos a la Realidad, orientarnos a Al-lâh y recordarlo en todos nuestros actos.

A Al-lâh no se lo puede conocer, pero se lo puede recordar y re-conocer. No se lo puede ver en sí mismo, pero se lo puede ver manifestándose en las cosas. Está más allá de todo lo creado, pero mires donde mires verás la faz de Al-lâh... Estas expresiones no se refieren en realidad a Al-lâh, sino a las limitaciones de la mente humana para comprender algo que es anterior a ella. Al-lâh supera todo dualismo, lo cual se hace evidente en la dualidad trazada por la teología entre un «Dios personal» y un «Dios impersonal». Al-lâh no es una persona. Está al mismo tiempo en todas partes, lo cual es incompatible con la idea de una persona entendida como cuerpo separado. Al-lâh es la Realidad, la Paz, la Justicia. Existe un hadiz en el cual Al-lâh afirma, en primera persona: «Yo soy el Tiempo».[11] Al-lâh es Creador, lo creado no es Al-lâh. Pero este principio creador no es una mera fuerza: está vivo y se comunica con las criaturas por medio del Libro de la Revelación y del Libro de la Naturaleza.

En el Corán, Al-lâh es tanto el Oculto (al-Batin) como el Evidente (az-Zahîr). Se muestra y al mismo tiempo permanece oculto. Se muestra: está en todo lo visible. Pero permanece oculto: Al-lâh no puede ser asociado a ninguna de esas cosas o sucesos a través de los que se manifiesta, no puede ser reducido a un medio o

---

11. Recopilado en Al-Bujari, *Sahih,* trad. Isa Amer Quevedo, Oficina de Cultura y Difusión Islámica Argentina, Buenos Aires, s/f (esta es una versión resumida) y Muslim, *Sahih,* trad. Abdu Rahman Colombo al-Ÿerrâhi, Oficina de Cultura y Difusión Islámica Argentina, Buenos Aires, s/f, consideradas las dos colecciones más importantes de dichos del Profeta. También en Imán Nawawi, *Forty Hadith Qudsi,* hadiz 4, trad. Islamic Translation Center, Revival of Islamic Heritage Society, Aldahieh, Kuwait, lc.cx/rdbeui [hay trad. cast.: *Los cuarenta hadices,* trad. M. Isa García, The Islamic Propagation Office in Rabwah, s/l, s/f]

simulacro. El musulmán rechaza asociar a su adoración ningún signo de identidad externo, del mismo modo que rechaza asociarla a ninguna entidad suprasensible, ajena a nuestro mundo de percepciones. Quiere esto decir que, del mismo modo que existe un shirk evidente (la construcción física de ídolos, el adorar cosas acabables), existe un shirk de lo oculto: la asimilación de Al-lâh al mundo espiritual, a lo suprasensible, una asimilación que Bakunin asocia a la alienación del ser humano y al establecimiento de jerarquías en la tierra. Sabiendo esto se hace comprensible la sentencia de uno de los grandes maestros del sufismo magrebí, de otro modo escandalosa: «Al-lâh es físico». Lo cual no necesariamente quiere decir que es «tan solo físico», sino que es también físico, pues asimilarlo a «lo espiritual» implicaría una reducción de Al-lâh a una categoría mental y, por tanto, una forma de idolatría.

Se comprende, pues, lo que quiere decir ser siervo de Al-lâh: el reconocimiento de que estamos unidos al resto de las criaturas por nuestro origen común en lo increado. El reconocimiento de este vínculo, de esta «servidumbre positiva», es el islam, palabra que tiene el sentido de entrega, libramiento. Este librarse a la realidad y aceptar que somos seres contingentes, destinados a su acabamiento, es el origen de todos esos valores que se consideran, comúnmente, como universales: solidaridad, generosidad, hospitalidad, amor, sosiego, desapego... Todo está enlazado, todos somos Uno. Ashadu la ilaha illa Al-lâh: reconozco que no existen dioses sino

47

Al-lâh, la Realidad Única. Reconozco que la realidad es una y compartida, y que no puede ser fijada ni representada. Me abro a Al-lâh, me remito a lo abierto, más allá de las formas, más allá de la cultura en la que se desarrolla mi existencia. Y es en esa apertura a lo ilimitado e incondicionado que me hago capaz de romper las limitaciones de mi tiempo humano y de alcanzar nuevos horizontes.

Libertad y estado de naturaleza

El concepto cosmológico de *sumisión a Al-lâh* no se traduce en sumisión a una institución humana, sino todo lo contrario. Todo poder institucionalizado choca con la entrega que el musulmán realiza a Al-lâh, matriz de todo lo existente. El musulmán no acepta las limitaciones que el mercado y la creciente institucionalización de la vida impone a su libertad, como espacio interior en el cual la intimidad con Al-lâh se hace posible. Esta libertad interior no es el ruido de latas de los medios, sino un silencio que proviene de nuestras oraciones, el vacío de las representaciones en el cual Al-lâh se nos revela. La libertad que reconoce el musulmán es la libertad del hombre del desierto, el espacio infinito que brota de nuestro desapego. No es, pues, una libertad que esté bajo la tutela del Estado. Como dice Abdulá Laroui, «la doctrina liberal plantea el problema de la libertad en el marco del Estado; este significa antes que nada un orden legal». En cambio, «en la sociedad árabe tradicional, Estado y libertad son cosas totalmente contradictorias».[12] La libertad que el musulmán reconoce como tal no se la concede otro que Al-lâh. Es un estado interior que nos capacita para rechazar el mundo de las representaciones, rechazar la ficción de poder con la que algunos se revisten.

Esta libertad interior y la aceptación consciente de que estamos sometidos al Creador de los cielos y la tierra es el camino para recuperar nuestra naturaleza primigenia. Al igual que entre los anarquistas, en el islam se considera de forma positiva la naturaleza original del ser humano y, en general, todo lo relacionado con el mundo natural. Frente a las doctrinas que defienden la necesidad de un Estado que corrija la naturaleza maligna o tendente al mal del ser humano, el anarquismo sostiene que la naturaleza humana no es en sí misma ni buena ni mala, que el ser humano nace libre; y que es la opresión que ejercen unos sobre otros la que desencadena la maldad. En una sociedad basada en la cooperación y en el trabajo en equipo, muchos de los crímenes que asolan a las sociedades complejas desaparecerán. Es por ello necesario volver a la simplicidad y a lo natural, frente a lo complejo y lo artificial. En términos islámicos, se habla del islam como un retorno a la *feetra*, a nuestra naturaleza primigenia.

---

12. Abdulá Laroui, *El islam árabe y sus problemas*, trad. Carmen Ruíz Bravo, Ediciones Península, Barcelona, 2001, p. 106.

Dijo el Mensajero de Al-lâh: «Todo ser humano nace en feetra, son sus padres quienes lo hacen cristiano, judío o zoroastriano». Sus compañeros le dijeron: «O musulmán...». Y el contestó: «No, el islam es la feetra». En otro hadiz dijo que la feetra es el estado del bebé. Es decir: el profeta Muhámmad dijo que el estado de *islam* es el estado natural del ser humano y que podía ser equiparado al estado del bebé.[13] ¿Qué quiere decir esto? Que el estado de islam es el estado de un recién nacido, algo natural y anterior a la cultura. Que el islam no es una doctrina ni nada exterior al ser humano, nada que pueda ser enseñado o impuesto desde fuera. La persona que está en feetra tiene una relación directa con la creación, no se siente separado como sujeto frente a un mundo objetual, no considera a los otros seres como objetos con los cuales enfrentarse. Vive en estado de tawhid, unido a todo lo que le rodea. Si estableciésemos una dualidad entre cultura y naturaleza, tan característica del pensamiento occidental, diríamos sin duda que el islam considera por encima el estado de naturaleza que el estado de cultura. En consecuencia, una sociedad islámica debe pensarse como manifestación de lo innato, apegada a la naturaleza. La cultura humana no debe concebirse como una superación de la naturaleza. Todo ello concuerda con «el culto anarquista a lo natural, lo espontáneo».[14]

---

[13] Al-Bujari, *Sahih*, vol. 2, Libro 23, hadiz 441.
[14] George Woodcock, *El anarquismo. Historia de las ideas y*

El concepto de sumisión a la Realidad Única conduce al rechazo de toda coacción exterior como contraria a la naturaleza de las cosas. Todo esto se basa en la idea de que el ser humano es en esencia noble, de que su estado de naturaleza es superior a su estado de cultura. Fijaos hasta dónde llega este anarquismo en algunos pensadores del islam clásico como Ibn Jaldún:

> *El orden político y educativo es contrario a la fuerza del alma porque encarna una instancia de control exterior.*[15]

Una frase que podríamos poner al lado de las de uno de los pioneros del anarquismo, William Godwin, quien escribió:

> *Los vicios de los hombres no proceden de la naturaleza; se derivan de los defectos de la educación.*[16]

---

movimientos libertarios, trad. Juan Ramón Capella, Ediciones Península, Barcelona, 1978, p. 27.

[15]. Ibn Jaldún, *Al-Muqaddima o Prolegómenos a la historia universal*, citada en *Laroui, El islam árabe y sus problemas, op. cit.*, p. 99. *Al-Muqaddima* fue escrita en el siglo XIV e Ibn Jaldún ha sido considerado como el padre de la sociología.

[16]. William Godwin, *Investigación sobre la justicia política* (1793), citada en Woodcock, *El anarquismo..., op. cit.*, p. 27.

Individuo y colectividad

Otro punto en común entre el islam y el anarquismo se refiere a la tensión creativa entre lo individual y lo colectivo. El anarquista es en cierto punto un individualista, aspira a su felicidad y libertad, y no admite un poder externo, ni jefes ni instituciones que ordenen su vida y le digan lo que tiene que hacer o pensar. De ahí su rebeldía, como afirmación de su personalidad y de su creatividad, frente a las fuerzas artificiales que limitan su desarrollo como ser humano. Pero el anarquista es al mismo tiempo un ser social, reconoce que todas las cosas que crecen y fructifican lo hacen dentro de relaciones, y es del fortalecimiento de las relaciones con sus semejantes de donde surge la sociedad, como marco en el cual su creatividad individual cobra sentido, fructifica para sí y para los demás. Por ello, la comunidad a la que aspira el anarquismo no tiene su base en una abstracción o una categoría política —el pueblo, la nación— que pueda ser invocada para anular al individuo. La comunidad es la suma de los individuos que la componen y son todos ellos los que forman la comunidad y le dan sentido a la comunidad, cada uno en la medida de sus capacidades, ocupando su lugar de forma natural. Una comunidad es algo que han creado los miembros que la componen, no existe como un principio anterior a ellos. No se nace en una comunidad: una comunidad se crea. En términos islámicos, hablaríamos de una comunidad en la cual todos sus miembros se someten libremente a Al-lâh, desde su individualidad. Y es a partir de ese reconocimiento compartido de un origen común donde surge la necesidad de encuentro. De uno mismo emana el principio de responsabilidad hacia el resto de las criaturas.

Rechazo de la tiranía

Otro punto de conexión entre el islam y el anarquismo es el rechazo de la tiranía o de cualquier forma de poder que signifique una limitación artificial de su libertad. Existe un dicho del profeta Muhámmad al respecto:

> *Al-lâh os ha prohibido la opresión, así que no os oprimáis los unos a los otros.*[17]

Y el Corán es muy directo:

> *No cabe coacción en el camino [del islam].* (2: 256)

Y también (en este caso en relación a la usura):

> *No oprimáis y no seréis oprimidos.* (2: 278)

[17.] Nawawi, *Los cuarenta hadices*, *op. cit.*, hadiz 24, recogido también en Muslim, *Sahih*, *op. cit.*

53

Sin embargo, aparte de estas proclamas, el Corán contiene una crítica radical de toda forma de opresión ejercida en nombre de la religión. Ya hemos visto que, desde la cosmovisión coránica, Al-lâh es el poseedor de la soberanía. En términos políticos, esto significa que nadie, ni persona ni régimen alguno, tienen derecho a reclamar para sí esta soberanía.

Es habitual oír que los musulmanes tienen una visión teocéntrica del mundo, con lo cual estaríamos defendiendo una sociedad jerarquizada. Y sin embargo eso es justo lo contrario de lo que la cosmovisión islámica proclama: el carácter insondable de Al-lâh se da como no localización, descentralización, apertura hacia lo ilimitado. Al-lâh es irrepresentable: no puede ser sustituido por imágenes ni por seres humanos, ya que esto significaría una limitación contraria a su realidad omnicomprensiva. Ningún ser humano ni institución sobre la tierra tienen derecho a presentarse como representantes de Dios sobre la tierra. Esto no es algo marginal, sino medular y profundamente arraigado en la conciencia de los musulmanes. Se trata del rechazo del shirk, la idolatría.

El shirk es aquello que Al-lâh no perdona al ser humano: que lo asocie a algo mundano, que lo rebaje y manipule. La manifestación histórica más evidente del shirk es la idolatría, otorgar un poder real a representaciones de la divinidad. Pero el shirk tiene muchos rostros. En un conocido hadiz, Muhámmad dice: «Contra lo que más hay que estar alerta es el shirk sin forma visible»,[18] es decir: aun rechazando la idolatría exterior, el ser humano puede erigir ídolos mentales, poniendo su confianza en aquello que no es Al-lâh. Los comentaristas citan como formas modernas de idolatría el culto al dinero, a la familia o al éxito, pero también las ideologías y doctrinas mediante las cuales tratamos de apresar una realidad en verdad inconmensurable, cosificándola y pretendiendo que se adapte a nuestras concepciones mentales (idealismo). Nada está libre de ser transformado en un ídolo y hoy en día el propio islam se ha convertido en eso para muchos de sus seguidores. Cualquiera que pretenda representar a Al-lâh es un *mushrikun*.

La ruptura del musulmán con la idolatría no se limita a la ruptura de unas estatuillas de diosecillos, sino a poner toda su confianza únicamente en la Fuente de todo lo creado, reconociendo que no existe poder salvo en Al-lâh. La ruptura con el shirk es libertaria, en la medida en que nos desapega de todo aquello que puede esclavizar al ser humano. El hombre tiene la tendencia a poner su confianza en lo perecedero, que no podrá socorrerle en el momento decisivo. Cuando el ser humano pone su confianza en el dinero, se esclaviza a él. Lo mismo sucede si pone su confianza y sus esperanzas en la familia, la patria, el partido o el Estado. Esta tendencia del ser humano a esclavizarse a las

---

18. Ibn Majah, *Sunan*, vol. 2, hadiz 3389, p. 410.

55

cosas es utilizada por aquellos que aspiran a ejercer un poder absoluto sobre el resto, atribuyéndose parte del poder de Al-lâh y creando mecanismos mediante los cuales se controlan las voluntades de las gentes. Se comprende entonces que, en el Corán, el shirk está vinculado a la tiranía, a la existencia de aquellos déspotas que pretenden ejercer un poder absoluto sobre sus súbditos y que en la Antigüedad reclamaban para sí el título de «dioses».

La manifestación más clara de la idolatría en el Corán es la tiranía. El Corán nos dice que los *mushrikun* «creen en *al-taagut*», una expresión que se repite, siempre en un sentido opuesto a la recta adoración de Al-lâh:

> *Y en verdad hemos suscitado en el seno de cada comunidad a un profeta: «¡Adorad a Al-lâh y apartaos de* al-taagut!». (16: 36)

En el lenguaje político del islam la palabra *taagut* ha pasado a denominar toda forma de tiranía. *Taagut* es plural de *tâ'a*, de la misma raíz que *tâgâ*, que significa «propasarse» u «oprimir». De la misma raíz encontramos *tugian*, «transgredir», «sobrepasar los límites». Como casos paradigmáticos del rechazo de la idolatría, el Corán da cuenta de los enfrentamientos de los profetas Abraham y Moisés con los tiranos Nimrod y Faraón, que se actualizan en el enfrentamiento entre Muhámmad y el Quraysh, la oligarquía de La Mekca. La proclamación de la unicidad de Al-lâh está relacionada con la rebelión contra la arbitrariedad de los tiranos, seres que usurpan la soberanía de Al-lâh. La tiranía del faraón es eminentemente religiosa y está respaldada por un aparato sacerdotal. No es tan solo un déspota, sino alguien que usurpa la soberanía de Al-lâh y se proclama ser supremo, afirmando su soberanía personal absoluta sobre sus súbditos (79: 24). Al denunciar el shirk, el Corán está denunciando precisamente estas pretensiones, la idea de que algo creado pueda ser equiparado a la divinidad. Al-lâh está más allá de todo aquello que pretenden asociarle, ya sean dogmas, rituales, instituciones, personas o doctrinas: el rechazo del shirk conduce a la rebelión contra la tiranía de aquellos que pretenden erigirse en «representantes de Dios sobre la tierra».

Crítica de la religión en el Corán

La crítica de Bakunin a la religión no puede aplicarse al islam precisamente porque el islam niega toda representación de Al-lâh, hasta el punto de considerar dicha pretensión como el acto más aborrecible. Pero esto es justo lo que han hecho los clérigos de todas las religiones a lo largo de la historia. Siendo así, es lógico que el Corán se haga eco de estas manipulaciones, que denuncie la apropiación de la espiritualidad humana por parte de sacerdotes y políticos.

A partir de esta constatación, sostengo lo siguiente: el Corán contiene una crítica radical de la religión. Y esta crítica puede ser puesta en paralelo a la realizada por pensadores como Nietzsche o Bakunin. Una crítica que no solo puede, sino que debe ser aplicada en primer lugar a los clérigos reaccionarios que se autodenominan «musulmanes». El Corán critica determinadas formas de religiosidad, incluidas la institucionalización religiosa, la pretensión de representatividad de los clérigos, el seguimiento ciego de la religión heredada, la obediencia debida de las pretendidas autoridades religiosas o la pretensión de que una religión está en posesión de la verdad. ¿Cómo es esto posible? En primer lugar, es posible históricamente, puesto que el Corán fue revelado en el momento en que otras religiones del Libro (notoriamente, el judaísmo y el cristianismo) mostraban su cosificación en dogmas y doctrinas, y su institucionalización al servicio del *statu quo*. Es posible también espiritualmente, puesto que la propia experiencia de la revelación significa una ruptura radical, un descentramiento respecto a lo heredado y un empezar de nuevo a partir de la conciencia profunda que une al ser humano con Al-lâh y con el resto de las criaturas. Y es posible teológicamente, en la medida en que el islam se presenta como la religión de la feetra, del retorno a la naturaleza primordial del ser humano y al sometimiento directo a Al-lâh, sin intermediarios.

No tengo mucho tiempo para desarrollar este punto, pues todavía me quedan varias cosas que quisiera compartir. Básicamente:

- Crítica de la monarquía sagrada o asociación de Al-lâh a un poder humano.
- Crítica de los hipócritas, que rezan, pero no son solidarios.
- Crítica del seguimiento ciego de la religión heredada.
- Crítica del seguimiento ciego de clérigos, de hombres religiosos e incluso de la obediencia ciega a los profetas.
- Crítica de aquellos que se consideran a sí mismos puros.
- Crítica del exclusivismo o del sectarismo religioso.
- Prohibición expresa de sacerdocio.

Resulta ilustrativo que prácticamente todas las figuras negativas que aparecen en el Corán sean hombres religiosos, como lo son el Faraón y sus magos. En este punto el carácter anarquista del islam parece tan coherente como radical. No se trata de uno o dos versículos sueltos que estiremos para demostrar nuestras tesis establecidas *a priori*, sino de temas centrales, que se repiten una y otra vez a lo largo del Corán. Esta crítica radical a la religión establecida es el núcleo del mensaje del Corán. Ya hemos visto la crítica a la tiranía religiosa. La vinculación entre tiranía religiosa y shirk es la trampa contra la cual el Corán nos previene una y otra vez, pues mediante ella la potencialidad liberadora de la religión queda castrada, y la religión pasa de ser un medio de liberación a ser una excusa para ejercer la tiranía. Lo que se está criticando es una forma de concebir la religión como instrumento de poder.

> *Y si les preguntas: «¿Quién ha creado los cielos y la tierra...?» Seguro que responden: «Dios». ¡Qué deformada está su mente!* (29: 61)

Su mente está deformada porque, aun siendo creyentes, no viven según lo que ha sido revelado, dan la espalda a Al-lâh en su vida cotidiana. Lo que propone el Corán no tiene, pues, nada que ver con ser creyente o no creyente, sino con nuestro comportamiento hacia Al-lâh y hacia el resto de las criaturas. En la sura al-Maun, el Corán se refiere con dureza a los hipócritas, que rezan, pero rechazan al huérfano y niegan su asistencia a los demás (107: 1-7).

Crítica de la religión cosificada

El siguiente punto es el famoso tema del rechazo de la religión de los antepasados. En numerosos pasajes del Corán, los enviados de Al-lâh acusan a sus pueblos de estar siguiendo ciegamente la religión de sus antepasados, sin usar la razón. En el Corán se nos presenta la historia de diferentes mensajeros, que la paz sea con todos ellos, los cuales tienen como misión liberar a los hombres de la religión de los ancestros y devolver al hombre su mirada hacia lo abierto, hacia Al-lâh. Esto es necesario cada vez que una comunidad se cosifica, convirtiendo la revelación en cosa del pasado. La denuncia coránica de la religión de los antepasados converge con el anarquismo, en la medida en que este apuesta por la capacidad del ser humano de generar nuevas respuestas a nuevas situaciones, sin ser limitados por costumbres o estructuras de poder cosificadas. En su *Investigación sobre la justicia política*, William Godwin se refiere al Gobierno como un instrumento que

> ... *da sustancia y permanencia a nuestros errores. Cambia las propensiones genuinas de la mente y, en lugar de permitirnos mirar hacia delante, nos enseña a mirar hacia atrás para hallar la perfección. Nos anima a buscar el bienestar público no en la innovación y en la mejora, sino en una tímida reverencia por las decisiones de nuestros antepasados, como si lo natural en la mente fuera siempre degenerar y nunca avanzar.*[19]

En la misma línea, la negación de la revelación es equiparada en el Corán a la imitación ciega de las costumbres de los antepasados. Resulta chocante ver que

---

[19] Citado en Woodcock, *El anarquismo...*, *op. cit.*

el Corán considera actos abominables no aplicar la razón sobre la revelación: ¿acaso no es esto lo que están haciendo aquellos que promueven lapidaciones o cortes de manos en nombre del islam? El Corán los califica como bestias que no usan su razón:

> ... *cuando cometen un acto deshonesto, suelen decir: «Hallamos que nuestros padres lo hacían» y «Al-lâh nos lo ha ordenado».*
> *Di: «Ciertamente, Al-lâh no ordena actos abominables. ¿Vais a atribuir a Al-lâh algo de lo que no tenéis conocimiento?».* (7: 27-29)

La excusa de los que realizan «actos abominables» es siempre la misma: refugiarse en las tradiciones y costumbres, en un saber ya constituido, acabado, y atribuir dichas costumbres al mandato divino. Los hombres que hacen esto son como las bestias, incapaces de usar su razón, sordos y ciegos ante Al-lâh (5: 105). Este tema se repite en el Corán una y otra vez: no podemos citar todos los pasajes. Todos estos versículos no hablan de ateos o de gentes sin creencia. Son aplicables a los clérigos o ulemas reaccionarios, en la medida en que «creen estar siguiendo la revelación», a pesar de que no razonan por ellos mismos, sino que adoptan las soluciones heredadas, lo cual conduce a «cometer actos abominables». No se trata por tanto de algo secundario, sino del mismo núcleo del Corán, de su razón de ser: el combate contra la religión cosificada. Los musulmanes pueden vivir ciegos a esta lucha y seguir practicando el islam tal y como lo definieron los sabios del pasado. Pero eso no los hace ni más ni mejores musulmanes. Solo los hace ciegos.

En el Corán, el shirk no tiene nada que ver con el ateísmo, sino todo lo contrario; es una creencia típicamente religiosa: ¿cómo podría asociar algo a Dios quien no es creyente? De forma consecuente, el Corán y los hadices nos previenen contra el shirk hacia los profetas y los dirigentes religiosos. El haber recibido la revelación y el creer en el Dios único no libra a nadie de esta posibilidad:

> *Han tomado a sus sacerdotes (*rabanni*) y a sus monjes —y también al Ungido, hijo de María— por señores suyos junto con Al-lâh.* (9: 31)

Tras ser revelado este versículo, un cristiano de Medina, Adiyyu bin Jatim, se acercó a Muhámmad y le contestó: «no los adoramos a ellos». El Profeta dijo:

> *Ciertamente, los líderes espirituales y los mediadores prohíben a las personas lo que está permitido y hacen permitido lo que está prohibido, y sus seguidores lo acatan. Este acatamiento sin cuestionamiento es una forma de adoración.*[20]

---

[20] Narrado en Ahmed ibn Hanbal, *Musnad*, y en Al-Tirmidhi.

Esta negación de la autoridad absoluta de los cléri-gos o líderes religiosos se extiende a los profetas:

Y tampoco os ordenó que tomarais por señores vuestros a los ángeles y a los profetas. (3: 79-80)

De ahí la insistencia del Corán en que Muhámmad no es más que un ser humano y que no se le debe obe-diencia en cuanto tal, sino únicamente en aquello que le ha sido revelado. Y ya hemos visto que esta obedien-cia a la revelación pasa por racionalizarla, no por su aceptación ciega. Y, en un versículo antes citado, el Corán inserta una pregunta que podemos aplicar a todos aquellos buenos hombres de religión que se presentan como un dechado de virtudes, pero cuya bondad ape-nas oculta un narcisismo destructivo:

¿No has visto a aquellos que se consideran a sí mismos puros? (4: 49)

Los que se consideran a sí mismos puros son los peo-res, pues pronto exigirán a los demás que sean tan pu-ros como ellos. Pero son incapaces de dar, de amar, de comunicarse con los otros desde su humanidad amena-zada.

Al mismo tiempo, el Corán critica el sectarismo religioso, la pretensión de que una determinada reli-gión pueda estar en posesión de la verdad. Critica la idea de pueblo elegido y la idea de encarnación de la divinidad en un momento histórico, ideas ambas que son totalitarias y conducen a la idea de la superioridad de la propia religión. El Corán presenta el pluralismo religioso como un bien, considera a todas las grandes tradiciones de la humanidad como caminos de salvación legítimos, emanados del Único, y no establece distinción de rango entre los profetas enviados por Al-lâh a la humanidad.

Recusación del sacerdocio

Toda esta crítica de la religión instituida se concreta (o mejor, se apuntala) en la prohibición de establecer una Iglesia o una jerarquía religiosa. En palabras taxativas del profeta Muhámmad: «No hay monacato en el islam». Ni siquiera se ofrece la posibilidad de un sacerdocio al servicio de las gentes, pues de lo que se trata es de recusar toda mediación, de la afirmación radical de la autonomía del ser humano ante su Señor. Nadie puede interferir en esta relación. Cualquier pretensión de representación o de hablar en nombre de Al-lâh es shirk. En el Corán, esta es una acusación lanzada contra cristianos y judíos, una crítica que puede hacerse extensiva a las instituciones de todas las religiones. Y no cabe duda de que los musulmanes deberíamos aplicarla a las instituciones que se presentan como representantes del islam: comendadores de creyentes, consejos de ulemas, ministerios de asuntos religiosos, alfaquíes al servicio del Estado...

Pero el shirk se ha enseñoreado del islam también por medio de ideas: la idea del Corán increado; la idea del árabe como lengua sagrada; la idea de la mezquita como templo; la idea de los ulemas o alfaquíes como autoridades religiosas; la idea de los códigos jurídicos elaborados por los grandes juristas del islam, considerados como ley de Dios; la idea de que existe un consenso de los juristas del pasado que debe ser acatado; la idea de que debemos seguir ciegamente lo que establecen los ulemas; la idea del yihad como instrumento de dominio; la idea de que Dios ha asignado roles diferenciados a la mujer y al hombre; la idea de la *umma* como nación política; la idea del Estado islámico; la idea del islam como única religión válida que anula las religiones anteriores... El shirk del Corán, el shirk del árabe, el shirk de la mezquita, el shirk de los ulemas, el shirk de la *sharia*, el shirk del *iyma*, el shirk del *taqlid*, el shirk del yihad, el shirk del patriarcado, el shirk de la umma, el shirk del Estado, el shirk del islam en cuanto que religión constituida y separada de otras religiones mediante conceptos y barreras doctrinales... Todas estas ideas deben ser sometidas sin cortapisas a la crítica coránica y así recuperar la fuerza liberadora del islam al margen del saber religioso cosificado. Comete acto de shirk quien adora una religión en vez de adorar a Al-lâh.

La experiencia mística como origen del islam

Una vez mostrada la base teórica o coránica del anarquismo islámico, vale la pena referirse a la praxis del Profeta Muhámmad. Y vale la pena hacerlo por el hecho de que Muhámmad es representado de forma rutinaria como detentador de la autoridad espiritual y política al mismo tiempo, como profeta y jefe de un Estado. Como es sabido, la misión profética de Muhámmad se inició en La Meca, ciudad donde había nacido hacía cuarenta años. La transmisión del islam se produjo tras la experiencia de la revelación. Muhámmad solía retirarse en ayunas a pasar la noche en una cueva, en la montaña de Hira, cerca de La Meca. Una noche, la noche del destino, tuvo lugar la experiencia decisiva de la revelación, llegada a Muhámmad mediante el ángel, en forma de palabra luminosa que desciende a su corazón y lo aniquila, lo hace morir a este mundo fragmentado y lo renace a la realidad: «Los hombres están soñando y cuando mueren, despiertan», en palabras del Profeta. Y también dijo: «Muere antes de morir».

Tras la experiencia decisiva del encuentro con la dimensión angélica, Muhámmad ha roto las barreras que le separan del resto de las criaturas: habla con las cosas, conoce los secretos de sus semejantes y trata de sanarlos mediante la Palabra revelada. A partir de entonces entra en comunión con toda la creación, desde una brizna de hierba llevada por el viento hasta la más recóndita de las estrellas: todo es uno en Al-lâh y Muhámmad se sitúa en el centro de esa unidad como transmisor y sello de la profecía, como maestro espiritual de la nueva humanidad:

Y no te hemos enviado sino como misericordia para la humanidad. (Corán al-Anbiya': 107)

Esta es a grandes rasgos la experiencia fundadora del islam, una experiencia que se desarrolla a lo largo del tiempo y que tendrá como momento culminante la ascensión nocturna, experiencia de descenso a los infiernos y ascensión a los cielos a lomos de *al-buraq*. Los dichos de Muhámmad que se refieren al mundo imaginal o al universo espiritual son de una belleza sugerente, muestra de que son el producto de una experiencia auténtica. Muhámmad llegó al límite del mundo conocido, viajó a través de los mundos guiado por el soplo del Misericordioso, a lomos de las más nobles cualidades, y se hizo capaz de convocar a las gentes en torno a un proyecto de transformación individual y colectiva.

Este no es el lugar para dar cuenta del significado que puedan tener estas y otras experiencias. Las mencionamos para poner en evidencia el hecho de que Muhámmad fue en primer lugar un místico, en un sentido amplio, quien, tras una experiencia radical de fusión con todo lo creado, recibió el mandato de transmitir lo que le había sido revelado. Este mandato puede ser considerado como una voz interior, en la medida en que se trata de un interior que ha roto los límites del ego y ya habla con la voz de Al-lâh. La palabra que brota de este hombre es entonces palabra revelada, nacida del contacto con el núcleo más profundo de la realidad, en el que ya no hay distancias entre un tú y un yo y un ello. La palabra revelada nos ofrece un conocimiento no discursivo, una guía y un recordatorio de algo anterior a nuestro nacimiento, de una verdad no limitada por los intereses de los individuos. Se trata de una anterioridad ontológica, se trata del decir originario. Se trata de un origen compartido por todas las criaturas de la tierra, las condiciones eternas de la vida.

La palabra revelada, no representando ningún interés humano, es la única palabra que convoca a los hombres en torno a su origen común. Lo común es la vida como un don que, aun variando de forma, es el mismo. El mensaje que predicó Muhámmad no era de carácter piadoso y sin dimensión social, sino un mensaje igualitario que constituía un desafío a las oligarquías de su tiempo. Así lo entendieron estas, que hicieron todo lo posible por callarlo y disuadir a sus seguidores de seguirlo. Tras vivir durante años como minoría perseguida, en los cuales el acoso fue creciendo a medida que el número de seguidores del Profeta iba creciendo, hubo un momento en el cual la situación se hizo insoportable. La comunidad entera abandonó La Meca para refugiarse en la ciudad vecina de Yatrib, conocida como Medina, la ciudad por excelencia. Se trata de la hégira o emigración, en la cual los musulmanes lo abandonaron todo —posesiones, posición social e incluso, en

69

algunos casos, a la familia— para poder vivir como comunidad basada en las enseñanzas del islam.

Praxis profética

Vamos, pues, a referirnos a la comunidad profética de Medina como muestra de la dimensión social del mensaje del islam. Como veremos, existen muchos elementos que nos permiten definirla como una «comunidad anarquista». Pero, antes de seguir, debemos estar prevenidos contra las idealizaciones del pasado, que no son sino un ídolo más, una proyección de nuestras frustraciones. Y no se nos escapa que la idealización del pasado es propia de movimientos políticos reaccionarios. Es necesario, pues, aclarar que la comunidad profética de Medina no puede ser tomada acríticamente como un modelo ideal y extrapolable a otras circunstancias. En la época en que la comunidad se gestó, existían instituciones como la esclavitud, que no desapareció. Y en la propia vida del Profeta existen comportamientos que no se adaptan fácilmente a la sensibilidad contemporánea (si es que existe tal cosa). Pero también debemos estar prevenidos sobre la tendencia (más bien arrogante) a juzgar el modo de vida de una comunidad del siglo VII según criterios actuales. Resulta penoso ver a intelectuales musulmanes tratando de demostrar que el presunto

Estado creado por Muhámmad se adecua a criterios tales como los derechos humanos o la democracia parlamentaria, como si estos fueran criterios superiores y eternos, al margen de toda circunstancia, de las posibilidades reales de un momento histórico concreto. Nosotros rechazamos tanto los anacronismos como las mitificaciones, pues la nuestra es una mirada libertaria.

Mucho más interesante es ver como toda la praxis profética estuvo siempre encaminada a superar las barreras entre clases, ascendencia, sexo, linaje, tribu, raza o condición social. pero no mediante la elaboración teórica de un modelo ideal que debía imponerse a sus seguidores. El método profético no es el de un ideólogo que trabaja en su laboratorio, sino el de un hombre que une acción y contemplación y que vive con los suyos, un hombre conocedor de la naturaleza humana y de las mentalidades en las que realiza su misión. No es la teoría, sino la propia vida en común lo que hace desaparecer las barreras artificiales trazadas por el ser humano. Una tarea siempre inacabada. El mensaje profético es claro:

> *Oh, humanidad: vuestro Sustentador es uno y vuestro origen es uno. Todos vosotros descendéis de Adán y Adán fue creado de la tierra. El más honorable de vosotros a los ojos de Al-lâh lo es por su comportamiento. El árabe no es superior al no árabe, el negro no es superior al blanco, ni*

71

el blanco es superior al negro. La única distinción es por la conciencia de Al-lâh.[21]

Pero una cosa es enunciar principios y otra ponerlos en práctica, en una comunidad humana real, con todos sus conflictos y limitaciones, con sus prejuicios, incomprensiones y miserias. Esto segundo requiere conocimiento del contexto, de la naturaleza humana, pragmatismo y habilidad política. Muhámmad no era un loco idealista, sino un hombre guiado por unos principios trascendentes, con una capacidad de seducción notable, que convencía tanto con el trato como con las palabras. Resulta fantástico ver como era capaz de solucionar un conflicto contentando a ambas partes. Hay un hadiz sobre el tema de la homosexualidad que merece ser citado, precisamente como ejemplo de la habilidad del Profeta y de los límites en los que se movía:

> *Abu Hurairah contó que un homosexual [mujannaz] que se había pintado las manos y los pies fue llevado ante el* mensajero de Al-lâh *(paz y bendiciones). Él preguntó: «¿Qué ocurre con*

---

[21]. Este texto es parte del famoso último discurso de Muhámmad. Ha sido recogido por numerosos recopiladores: Al-Bujari (*Sahih*, vol. 7, capítulo 3), Muslim (*Sahih*, hadiz 98), Al-Tirmidhi (hadices 1628, 2046 y 2085) y Ahmed ibn Hanbal (*Musnad*, hadiz 19774).

72

él?». Le dijeron: «Oh, Mensajero de Al-lâh, este hombre imita a las mujeres». Entonces se consideró el asunto y fue desterrado a an-Naqi'. La gente dijo: «¿No tenemos que matarlo?». Él dijo: «Se me ha prohibido matar gente que reza».[22]

Aquí, el Mensajero de Al-lâh sale en defensa de un homosexual frente al acoso al que está siendo sometido. Al resaltar su condición de creyente, Muhámmad desmiente a todos aquellos que se atreven a afirmar que «el islam y la homosexualidad son incompatibles». En un primer momento, los defensores de los derechos de los gais pueden sentirse decepcionados: el Profeta no se enfrentó directamente a los linchadores, diciéndoles que la homosexualidad era una opción sexual personal, ante la que nada tenía que objetar. Y, de hecho, el hadiz dice que el *mujannaz* fue desterrado. Como he escrito en otro lugar: esta decisión no puede ser achacada al Mensajero de Dios, ya que de ser así el hadiz lo diría. Como hipótesis, sugiero que Muhámmad actuó con la intención de salvar al *mujannaz* y permitió el destierro a un lugar cercano como mal menor. Si leemos atentamente el hadiz, parece evidente que la intención del Profeta fue la de salvar al homosexual. Este es el modo característico de proceder del Profeta, actuando movido por la solidaridad para con los

---

[22.] Hadiz recogido en Abu Daud, *Kitab al-Adab*, Libro 41, hadices 4910 y 4928.

73

perseguidos, pero sin producir un enfrentamiento directo con los perseguidores, que hubiera comprometido su misión. Podemos comparar este hadiz con el pasaje del Evangelio en el cual Jesús, la paz sea con él, se enfrenta a aquellos que quieren lapidar a la mujer adúltera, con la frase: «Quien esté libre de culpa, que tire la primera piedra». Jesús no defiende a la mujer diciendo que el adulterio no debe ser penado o que la lapidación es una salvajada. Si lo hiciera, no lograría su propósito de salvar a la mujer, sino enfrascarse en una discusión teológica sobre la ley y la moral, de resultado incierto. ¡Es posible que acabase siendo lapidado junto a la mujer! Tanto Jesús como Muhámmad actúan con habilidad, introduciendo un elemento que sobrepasa la discusión teórica sobre si la homosexualidad o el adulterio son delitos, un elemento compartido por unos y otros, y que por ello actúa destruyendo el motivo del enfrentamiento. Introducen un criterio superior, en el cual la situación se resuelve a favor de adúlteras y de homosexuales. Hoy en día, ante los asesinatos realizados por algunos Estados contra homosexuales, el hecho de dar a conocer estas palabras del Profeta sigue siendo útil, podría incluso ayudar a salvar vidas humanas.

En definitiva, debe quedar claro que la comunidad de Medina no es un modelo de sociedad abstracto como pueda serlo la Utopía de Tomás Moro. La diferencia es que Tomás Moro partía de su imaginación y de la proyección libre de sus aspiraciones, mientras que el Profeta partía de una situación dada, con toda su complejidad, una situación en la cual el patriarcado, la esclavitud y la lógica tribal parecían (en principio) incontestables, tanto como puedan serlo hoy para un ciudadano europeo los derechos humanos o la igualdad de género. Los miembros de la sociedad ideal de Tomás Moro no son seres humanos, carecen de idiosincrasia y de carácter. Los compañeros del Profeta eran hombres y mujeres que habían sido educados en unas determinadas ideas y costumbres, quienes recibieron el mensaje del islam y se iniciaron en el arduo camino del despojamiento, del abandono de ídolos y de apegos profundamente arraigados. La aceptación del islam no nos convierte en musulmanes modélicos de la noche a la mañana: el islam es para la gente, con sus miserias y complejidades, un lento camino de liberación que no puede pasar por la imposición externa de dogmas y morales. Un camino que debe ser andado paso a paso y que, al ser compartido por un grupo humano, se ve limitado (pero también enriquecido) por la necesidad de progresar conjuntamente. Y fue sobre este grupo humano de carne y hueso sobre el que el Profeta y sus compañeros edificaron una comunidad. Por eso no hablamos de la teoría, sino de la *praxis política* del Profeta, de los pasos que dio y de los que no dio o no pudo dar, de lo que consiguió y de lo que no consiguió, de la vida de una comunidad humana. Si nos quedamos tan solo con aquello que el Profeta consiguió en su tiempo, podríamos incluso argumentar que (políticamente) fracasó, y eso a pesar de la victoria, en la medida en que no logró instaurar plenamente los valores e ideales del islam. Aunque sí triunfó en lo principal de su misión: la propagación de su mensaje. No se trata, pues, de pensar en la comunidad de Medina como un modelo fijo o ideal que extrapolar anacrónicamente a nuestro presente, sino de darse cuenta de cómo un mensaje de liberación espiritual como el de Muhámmad tiene inevitablemente una repercusión política, conduce a un determinado tipo de comunidad completamente distinta del Estado.

La revelación como revolución

La praxis no es solo un modo de comportamiento, sino una acción o forma de actuar encaminada a transformar las conciencias y las relaciones humanas en una situación concreta. No es un acto entre actos, sino un acto decisivo, que afecta a otros individuos y genera una dinámica de cambios en cadena. El centro de la praxis profética es la revelación. La revelación aparece como un mensaje descendido al corazón de la criatura directamente de la Realidad Única, como una voz desligada del entramado de relaciones e intereses que configuran y bloquean el presente. La revelación desciende sobre una comunidad humana, introduce un elemento vertical que trastoca las relaciones horizontales, meramente utilitarias o costumbristas. La revelación es una conmoción para aquel que la recibe, no solo el Profeta, sino también aquellos que la aceptan. Una conmoción que ha de transformar las relaciones humanas. Es lo inesperado que destruye lo existente para construir un mundo nuevo, en el cual la sociedad ya no será dominada por los egos que luchan entre sí.

Lo que en el islam se llama «revelación» puede ser puesto al lado de lo que los anarquistas llamaron «revolución». Esta puede ser una analogía exagerada, pero es innegable que en el concepto de revolución existe una dimensión escatológica que va más allá de lo político. Una y otra vez aparecen las expresiones típicas de la tradición apocalíptica: «catarsis purificadora», «destrucción de la vieja Babilonia», «regeneración social», «milenio igualitario»... Aunque el anarquista del siglo XIX intente mantener un lenguaje científico y despojado de connotaciones religiosas, en ocasiones no puede evitar caer en un entusiasmo casi místico:

> Pongamos nuestra confianza en el espíritu eterno que destruye y aniquila solo porque es la fuente insondable y eternamente creadora de toda vida. El impulso de destrucción es también un impulso creador.[23]

[23.] Mijaíl Bakunin, *La reacción en Alemania,* citado en John W. Burrow, *La crisis de la razón,* trad. Jordi Beltrán, Crítica, Barcelona, 2001, p. 19; y en James Guillaume, *Bakunin. Apuntes biográficos,* Ediciones Libertad, s/l, s/f, p. 3.

Esta sentencia pone en evidencia la perduración de un mensaje apocalíptico de destrucción y de regeneración en el anarquismo ateo y revolucionario del siglo XIX. En su obra *El principio esperanza*, Ernst Bloch devolvió a la búsqueda de una sociedad igualitaria su referente escatológico. La utopía en Bloch es la potencialidad de la esperanza, todo lo que late bajo las capas ruinosas del presente. La utopía no es una idea, tiene una función escatológica, actúa en el ser humano como una promesa. Es el motor del todavía no, el anuncio de un nuevo comienzo implícito en todo presente.

Igual que la revolución, la revelación actúa como un resorte, moviliza todas las fuerzas del ser humano hacia el más noble de sus objetivos: la justicia, la solidaridad, la hospitalidad, la generosidad, el igualitarismo, todo aquello que trata de ser arrancado del hombre por la maquinaria aplastante del poder constituido. La revelación no es un acontecimiento político impuesto desde fuera, no es una ruptura con un sistema de poder generado por otro sistema de poder. La revelación se dirige a cada uno de los individuos que forman una sociedad, avanza de corazón a corazón. Como dijo Durruti: «Llevamos un mundo nuevo en nuestros corazones». El anarquista es consciente de que una liberación propiciada por un partido o un grupo no es tal cosa: por eso, abomina de la pretensión arrogante y totalitaria de los marxista-leninistas de poder liberar a la fuerza a los trabajadores. En palabras de Max Stirner:

El hombre que es puesto en libertad no es más que un esclavo liberado [...], un perro arrastrando una cadena.[24]

Por eso el anarquista apela al despertar de los trabajadores, a la toma de conciencia personal. Según Malatesta:

Los anarquistas no quieren emancipar al pueblo; quieren que el pueblo se emancipe a sí mismo [...], queremos que la nueva forma de vida surja del pueblo y corresponda a su estado de desarrollo y que avance al paso que ellos avanzan.[25]

La revelación, como la revolución para los anarquistas, propicia la auto-liberación, la toma de conciencia personal, la emergencia del ser humano como califa de Al-lâh y criatura solidaria. Nos devuelve al sentido de hermandad que habíamos perdido al perdernos en un mundo regido por las relaciones de poder. Todo esto no es una frase hecha: algunos de los seguidores de Muhámmad eran hombres con una situación social privilegiada, y fueron capaces de abandonarlo todo

[24.] Max Stirner, *El único y su propiedad*, trad. Pedro González Blanco, Juan Pablos Editor, Ciudad de México, 1976, p. 171.
[25.] Errico Malatesta, *Vida e ideas*, citada en *Preguntas frecuentes sobre el anarquismo*, Freedom Press, s/l, s/f, p. 40, lc.cx/CGtbC5.

para vivir como hermanos e iguales con sus semejantes. La revelación tiene esa capacidad de romper con lo existente, arrancar al ser humano de su *status quo* de su posición social, y devolverlo a su verdadera naturaleza de criatura creada y acabable, insertada en un mundo en el que todo está unido por su origen en lo incondicionado. La revelación, como la revolución, es el camino hacia la autenticidad que anida en cada criatura, a la espera de un resorte que la haga emerger de entre los escombros de la vida cotidiana. La revolución, como la revelación, es ese resorte o señal que viene de lo alto, el milagro que transfigura las conciencias y las abre a un mundo compartido, *insha Al-lâh*.

Pero esta nueva analogía no debe confundirnos. La revelación aparece como lo impensado de la revolución, el fondo que no se atreve a mostrarse en primer plano y es velado mediante la ideología. Nuestra sospecha (que debemos desarrollar un día) es que tanto la revolución como la utopía o el milenarismo constituyen *nostalgias* de la revelación, apuntan hacia ella sin poder tocarla o asumirla. Son por ello movimientos propios de un Occidente que se veló a la revelación mediante la mitificación de la figura profética de Cristo. El cristo en majestad y el cristo clavado son la cosificación/sacrificio del profeta Jesús en el altar de lo utópico-político, para construir una historia de la salvación universal. Recuperar a Jesús como profeta es zafarse de toda esa ideología de poder erigida por la Iglesia, retornar al contacto directo entre el Creador y las criaturas.

¿Fue Muhámmad un «jefe de Estado»?

Volvamos a la praxis profética, al momento de la hégira como punto de partida de una nueva comunidad de hombres y mujeres unidos por la apertura a la realidad en sí misma, frente a cualquier poder mundano. Es precisamente de la etapa del Profeta en Medina de donde surge la imagen de Muhámmad como «hombre de Estado». Muchos estudiosos han repetido este aserto, sin darse cuenta de su absurdo. Absurdo en primer lugar por su anacronismo. El Estado es una forma de organización política moderna, basada en el concepto de ciudadanía, en el establecimiento de unas fronteras nacionales y de una administración política compleja. Pero, sobre todo, absurdo porque ignora por completo la realidad de lo vivido en Medina.

Como veremos, en la ciudad de Medina no fueron instauradas ninguna de las instituciones mediante las cuales el Estado ejerce su poder. No había jueces ni sistema judicial, ni tribunales ni abogados profesionales. No había ni policía ni sistema carcelario. No había educación controlada desde el poder político. De hecho, no existía nada parecido a un poder político o un sistema administrativo.

Los historiadores que han analizado el funcionamiento de la comunidad profética de Medina han tenido enormes dificultades para definir el tipo de gobierno vigente y su funcionamiento. No es que falten testimonios sobre la comunidad, ni mucho menos. Lo que los historiadores echan en falta son los típicos datos que esperan, sobre el funcionamiento de la judicatura, de ministros o gobernadores... De todos aquellos elementos típicos de un sistema de gobierno. Pero no encontramos nada de esto: brillan por su ausencia. Como mucho tenemos constancia de la asignación de tareas concretas que pueden ofrecer la imagen precaria de un Gobierno o de algún tipo de organización: tarea de recaudar el azaque a una tribu, tarea de mediar en el zoco, existencia de escribas o secretarios del Profeta, el nombramiento de personas (en concreto, tres) para que fueran a juzgar en disputas acaecidas en otras partes de la península arábiga, etcétera Al margen de estos nombramientos, también sabemos que las decisiones que afectaban a toda la comunidad eran tomadas en concertación, en asamblea.

Citaremos seguidos varios pasajes de la obra de Ali Abd al-Ráziq *El islam y los fundamentos del poder,* escrita en Egipto en el año 1924. Esta obra constituye una investigación sobre el sistema del califato histórico, en el momento de su desaparición. El autor dedica muchas páginas a preguntarse sobre si el Mensajero fue realmente un gobernante o únicamente un líder espiritual que asumió tareas de dirección de la comunidad en aspectos que en principio estaban fuera de lo que era su misión profética. La intención del autor es la de demostrar que el Profeta no vino para establecer ningún sistema político, que su poder era eminentemente religioso y que, por tanto, los musulmanes tienen libertad para crear el sistema político que les venga en gana, o que sean capaces de crear. Lo cual, en el momento del colonialismo, fue entendido por muchos como una aceptación tácita de las instituciones impuestas por los colonizadores. Sin embargo, lo que el autor acaba demostrando es, precisamente, que el modo de organización de la comunidad profética puede definirse como una anarquía:

> Si nos trasladamos de la judicatura y el gobierno a otras funciones públicas que constituyen la esencia misma de un Estado, bien se base en instituciones financieras, de servicios que aseguren el orden público o de otro tipo de instituciones indispensables para el buen gobierno, incluidas las más simples y rudimentarias, se hace evidente la imposibilidad de dar, en la documentación que nos ha llegado sobre la etapa profética, con algo que nos permita afirmar con convicción y sensatez que hubiera algún tipo de gobierno organizado en tiempos del profeta..[26]

> Si fuese cierto que el Profeta (DBS) fundó un gobierno político o hubo esbozado los rasgos que le son propios, ¿cómo es que ese Gobierno careciera

---

[26]. Ali Abd al-Ráziq, *El islam y los fundamentos del poder*, trad. y ed. Juan Antonio Pacheco, Universidad de Granada, Granada, 2007, p. 105.

83

de las numerosas instituciones que dan carácter definido a un poder bien organizado?[27]

A lo dicho se puede responder de otra manera: muchas de las instituciones que hoy consideramos como bases del gobierno, tales como las instituciones orgánicas del Estado o los fundamentos de la autoridad, no son más que convenciones contingentes, creaciones artificiales que para nada son indispensables en lo referido a la organización de un Estado que manifiesta ser modelo de simplicidad, gobierno de la naturaleza, enemigo de todo artificio y de todo aquello que rechaza la natural sencillez. Todas las observaciones que se pueden hacer al gobierno profético, bien analizadas, se reducen a una sola idea: dicho gobierno está desprovisto de las apariencias externas que hoy se consideran, por parte de los sabios de la ciencia política, como bases de un gobierno civilizado, bien que, en realidad, no sean absolutamente necesarias al mismo. Pudieran ser abatidas sin que por ello provocara una falta de autoridad, ni una deriva hacia la anarquía y el desorden. Tal sería la explicación de la pretendida confusión que reinaba en el gobierno profético.[28]

---

[27] *Ibid.*, p. 119.
[28] *Ibid.*, pp. 121-122.

En las leyes establecidas por el Profeta (DBS) no encontramos disposición alguna que no se halle inspirada en la sencillez del estado natural.[29]

El Profeta era iletrado. Fue el Enviado de los iletrados. Tanto en su vida privada como en la pública, en las leyes que dictó, nunca se apartó de los principios de la natural sencillez ni de las demandas de la sana y simple naturaleza con la que Al-lâh creó a las criaturas. Bien puede ser, por tanto, que la organización gubernamental en tiempos del Profeta (DBS) se conformara a lo que la natural simplicidad exige. Por ello, no cabe duda de que muchos órganos de poder del presente no sean más que creaciones artificiales, un aparatoso entramado al que nos hubiéramos acostumbrado durante mucho tiempo, de tal forma que se nos ha hecho familiar hasta tal punto que hemos llegado a creer que forma parte de los necesarios fundamentos del poder y bases de su ordenación toda. Sin embargo, con lo visto, parece que no tengan esa prerrogativa.[30]

¡No y mil veces no!: en su momento no hubo ni Gobierno, ni Estado [...]. Tal vez sea llegado el

---

[29] *Ibid.*, p. 123.
[30] *Ibid.*, p. 124.

momento en que el lector haya podido llegar a encontrar la respuesta a la cuestión que se le ha venido planteando: la ausencia de cualquier tipo de manifestación de autoridad temporal y de Gobierno establecido en tiempos del Profeta (DBS). Sin duda, ha podido llegar a comprender la razón de por qué no hubo entonces organización gubernamental alguna, ni tampoco gobernadores, ni jueces, ni ministerios.[31]

La conclusión a la que llega Ali Abd al-Ráziq nos sirve para confrontar la opinión común según la cual el profeta Muhámmad fue jefe de un Estado. La confusión se produce al realizar el salto de la comunidad al Estado, un salto dado de forma arbitraria por los historiadores, sin pararse a pensar que entre comunidad y Estado existe un abismo. Por ejemplo (y es uno entre mil), Manuel Ruiz Figueroa, profesor en El Colegio de México, dice en su ensayo *Surgimiento y consolidación del Estado islámico*:

Se puede entender por qué Muhámmad tomó la decisión de formar una comunidad exclusivamente compuesta por musulmanes y, además, autónoma, o sea, un Estado.

---

[31]. *Ibid.*, p. 144.

Una frase de este tipo es doblemente falsa. Primero, porque, en la llamada Constitución de Medina firmada por el Profeta, leemos lo siguiente:

> Los judíos de Banu Auf [y, a continuación, menciona el resto de las tribus judías de Medina] son una sola comunidad con los creyentes.

Y segundo: ¡un Estado no es una comunidad! De hecho, se trata de dos fenómenos contrarios e irreconciliables. Como saben anarquistas y antropólogos, allí donde hay Estado las relaciones humanas son secuestradas y la comunidad es destruida. El Estado es la disolución del ligamen social, justo lo contrario de lo que la comunidad profética de Medina representa.

El Profeta no tenía ningún privilegio, ni como dirigente de la comunidad ni como Mensajero de Al-lâh, vivía como un hermano entre hermanos. Existen hadices significativos. En uno de ellos un extranjero llega a Medina en busca del Profeta. Entra en una reunión en la cual está presente y ve a un hombre sentado en una silla, un poco más elevado que el resto. Se dirige a él, pero no es el Profeta. Este está tendido sobre el suelo, con la cabeza recostada en los muslos de uno de sus compañeros. Hay otro hadiz que explica que un hombre llegó hasta el Profeta, se emocionó en su presencia, se puso tan nervioso que temblaba. El profeta le dijo: «Cálmate, yo no soy ni un rey ni un tirano, soy tan solo el hijo de una mujer del Quraysh que comía de lo que secaba al sol de La Meca».[32] Y, según otra tradición, el Profeta fue preguntado por los judíos si él era un profeta-rey o un profeta-siervo y él contestó: «Elijo ser un profeta-siervo».[33]

Una vez Muawiya fue a ver a Ibn al-Zubayr e Ibn Amr. Ibn Amr se puso de pie, pero Ibn al-Zubayr no se levantó. Muawiya le dijo a Ibn Amr: «Siéntese, pues el Mensajero de Dios dijo: "Aquellos que se hallan satisfechos cuando la gente se levanta ante su presencia deberían preparar su lugar en el fuego"».[34]

Hay otro hadiz en el cual Muhámmad realiza una plegaria y le pide a Al-lâh ser pobre y estar en compañía de los pobres: «Oh, Al-lâh, permíteme vivir pobre y hazme morir pobre, y mantenme en la compañía de los pobres».[35] Incluso hubo épocas de su vida, siendo dirigente de la comunidad, en las cuales se ataba piedras al cinto para apretar su estómago y camuflar el hambre. Nada que ver con un dirigente que se sitúa socialmente por encima de sus seguidores.

No me resisto a citar una conocida anécdota. El Profeta tenía la costumbre de ir a dormir habiendo dado

---

32. Al-Hafidh al-Mizzi, *Tahdhibul-Kamal*, hadices 141 y 142.
33. Recogido en Ahmed ibn Hanbal, *Musnad*, y en Muhyiddin ibn Arabi, *Divine sayings. The mishkat al-Anwar of Ibn Arabi*, trad. Stephen Hirtenstein y Martin Notcutt, Anqa, Oxford, 2004, p. 57.
34. Ibn Hanbal, *Musnad*, vol. 2, hadiz 484.
35. Recopilado en Ibn Majah, *Sunan*.

todo lo que le sobraba de las ganancias del día. No ahorraba nada ni tenía apenas posesiones. Una noche, al ir a acostarse tarde, se dio cuenta de que en el bolsillo le habían quedado unas monedas que había olvidado repartir. El profeta salió apesadumbrado a media noche, cuando la ciudad dormía, buscando alguien que necesitase esas monedas y hasta que no lo encontró no pudo volver a casa y dormir tranquilamente.

Pero todavía hay más: el Profeta denegó la responsabilidad de dirigir los asuntos de otras tribus árabes que acudieron a él como líder político-religioso. Existe un hadiz al respecto: «Vosotros conocéis vuestros asuntos».[36] El Profeta se negó a inmiscuirse en los asuntos internos de las tribus que se reconocieron como musulmanas. Como resultado, a la muerte del Profeta no existía en la península arábiga un Gobierno unificado, sino diferentes tribus musulmanas coexistiendo, cada una con sus formas de gobierno. Y eso a pesar de haber sido prácticamente unificada religiosamente por el islam. Esto quiere decir que existe una distinción entre el magisterio profético y el político. Muhámmad fue el líder de los musulmanes de Medina, pero no fue el jefe político del resto de las comunidades musulmanas que se establecieron en su tiempo. De ahí que no se conozcan nombramientos de gobernadores ni ministros, ni nada parecido a la organización de un sistema político que

---

[36.] Muslim, *Sahih,* «Kitab al-Fada'il», hadiz 5832, *op. cit.,* p. 1353.

fuese más allá de la comunidad concreta en la cual el Profeta y sus compañeros convivían.

Cuando los cronistas nos resumen el legado político de Omar ibn al-Jattab, segundo califa del islam, que gobernó años después de la muerte del Profeta, suelen hacer el listado de todas aquellas instituciones por él establecidas. Entre estas: establecimiento de un «Departamento del Tesoro» (*Bayt al-mal*), con sus recaudadores de impuestos; establecimiento de un censo, tanto de tierras como de población; codificación de leyes (con la ayuda de rabinos judíos conversos al islam, por cierto); creación de tribunales estables; organización de un departamento de policía; creación de un ejército profesional, con reservistas incluidos; establecimiento del calendario de la hégira... Y todo ello gestionado mediante una administración centralizada. Cada departamento tenía un secretario que registraba minuciosamente cada actuación. Los jefes de los departamentos se reunían para coordinar la política que debían seguir, bajo el mando de Omar ibn al-Jattab. Esta era comunicada a los gobernadores provinciales por medio de cartas y memorandos. Además, Omar ibn al-Jattab estableció hospicios, declaró que los no musulmanes también tenían derecho a la asistencia del azaque. Y declaró abolida la esclavitud, lo cual sus sucesores se pasaron por el forro. Todo ello es referido en libros como el *Kitab al-Awa'il* (Libro de los primeros) de Abu Hilal al-'Askari y en la historia de Imán Tabari. Si lo mencionamos aquí no es para hacer la apología del legado del califa Omar (un periodo posrevolucionario), sino para poner en evidencia que con anterioridad a su gobierno no existían todas las instituciones mencionadas.

¿Puede calificarse como «hombre de Estado» o como «creador de un Estado» a un hombre que lideró una comunidad cuyos miembros no lo eran por nacimiento, sino por elección, basada en una experiencia de lucha compartida, una comunidad en la que no había ni policía, ni tribunales, ni ejército profesional, ni un sistema tributario, ni gobernadores, ni censos, ni siquiera una mínima administración? ¿Puede calificarse como «jefe de Estado» a un hombre que se negó a ejercer el poder sobre otras comunidades musulmanas y que ejerció su liderazgo únicamente sobre sus seguidores en una ciudad en la cual vivían miembros de otras comunidades, los cuales se regían por sus propias leyes y tenían sus propios dirigentes y sus instituciones? El mito de Muhámmad como hombre de Estado es solo eso: un mito. Si se ha cosificado y es repetido como un dogma es porque sirve a un propósito político.

Autoridad versus autoritarismo

Al principio de este ensayo hemos señalado que el musulmán se somete únicamente a Al-lâh, que no acepta reyes ni tiranos, ni ninguna clase de poder externo que pueda coaccionarlo en su seguimiento libre del camino del islam. El sometimiento a Al-lâh es un acto radical por el cual el musulmán se inicia en el camino del despojamiento, se compromete a abandonar toda idolatría, todo apego que pueda esclavizarlo, y a vivir en armonía con el todo. Pero esta radical negación de la soberanía humana no quiere decir que no pueda existir algún tipo de autoridad o liderazgo humanos. Lo que quiere decir es que esta autoridad o liderazgo deben situarse en el camino de la liberación.

> *¡Oh, vosotros que habéis llegado a creer! Obedeced a Al-lâh, obedeced al Enviado y a aquellos de vosotros que tengan autoridad; y si discrepáis en algo, referidlo a Al-lâh y al Enviado, si confiáis en Al-lâh y en el último día.*
> *Esto es lo mejor [para vosotros] y lo mejor en definitiva.* (4: 59)

Es importante referirse a este versículo, pues es utilizado, de manera recurrente, para afirmar que los musulmanes deben obediencia al poder de turno, cuando este se erige en representante del islam. Modernamente, ha sido esgrimido como fundamento escriturario de la necesidad de establecer un Gobierno islámico. En su libro *The principles of State and goverment in Islam*, Mohamed Asad extrae de él toda una teoría de gobierno. Según Asad, mediante este versículo «el Corán establece varios principios relativos a la naturaleza del Estado islámico». Estos principios son la necesidad de implementar la sharia en los territorios bajo su jurisdicción; la naturaleza religiosa de la autoridad civil; la necesidad de que el gobernante sea elegido por sufragio universal por todos los musulmanes; la necesidad de que el poder político esté bajo la supervisión de la comunidad... ¡Todo un programa de gobierno!

El modo en que procede Asad y otros que han tratado de buscar las bases de un «Estado islámico» en el Corán demuestra una capacidad deductiva sospechosa. De un versículo que establece la consulta mutua entre los creyentes, vemos surgir —como por arte de magia— partidos políticos, sufragio universal y un parlamento cuya función sería la de elaborar las leyes. De un versículo que habla de «promover el bien y prohibir el mal», se deduce la necesidad de establecer un Estado religioso que imponga la ética islámica a diestro y siniestro. De un versículo que habla de «guiarse por lo que ha sido revelado», se deduce que dicho Estado debe guiarse por una legislación extraída enteramente del Corán. De un versículo que afirma que «los creyentes son como partes de un edificio», se extrae la imagen del islam como una especie de hermandad política. Con estos ejemplos, no es de extrañar que, del versículo citado, un autor inteligente como Mohamed Asad sea capaz de deducir la necesidad de un Estado, de elecciones generales, de parlamentos supervisados por la ciudadanía. Pero ¿hay algo que nos haga pensar que, al hablar de «los que tienen autoridad entre vosotros», el Corán se esté refiriendo a una autoridad política o a un jefe de Estado? En absoluto: a la vista del principio coránico según el cual «no cabe coacción en el islam», afirmamos que la mencionada frase se refiere a aquellas personas cuya autoridad sea reconocida libremente, ya sea por su rango espiritual o por sus capacidades en este u otro tema.

El musulmán sigue libremente a aquellas personas a las cuales reconoce como autoridades en cualquier campo. Esto nos recuerda la frase de Bakunin que, tras justificar su rechazo de todo gobierno, se pregunta:

> ¿Se desprende de esto que rechazo toda autoridad? Lejos de mí ese pensamiento. Cuando se trata de zapatos, prefiero la autoridad de un zapatero...[37]

Del mismo modo, podríamos decir: cuando se trata de la profecía, la autoridad de los profetas parece indiscutible. Pero cuando se habla de *obediencia*, surge la necesidad de definir la naturaleza de esta autoridad: ¿a qué se refiere el Corán cuando exhorta a los musulmanes a obedecer al Profeta y a aquellos que tengan autoridad? La aleya 4:59 suele citarse aislada. Pero es bueno conocer la siguiente aleya, que clarifica sobremanera nuestra interpretación:

---

[37]. Bakunin, *Dios y el Estado, op. cit.*, p. 129.

¿No has visto a aquellos que dicen creer en lo que se ha hecho descender sobre ti [oh, Profeta] y en lo que se hizo descender antes de ti, [y sin embargo] quieren recurrir al arbitraje de al-taagut? (4: 60)

Un versículo que ya hemos comentado anteriormente, en el apartado dedicado al rechazo de la tiranía. La exhortación a obedecer a los que tienen autoridad debe, pues, conciliarse con lo anteriormente señalado: el Corán considera como una forma de shirk el seguimiento ciego de clérigos y hace extensiva esta consideración a los profetas. Leídos conjuntamente, el mensaje de estos versículos se hace más claro: obedeced a Al-lâh y al Mensajero, y a aquellos miembros de la comunidad a los cuales reconozcáis como autoridades, por su sabiduría o su capacidad, por su bondad y su inteligencia. Pero no aceptéis la mediación de los tiranos ni de aquellos que se presentan como representantes de Dios sobre la tierra. Guiaos entre vosotros mismos, a partir de lo que os ha sido revelado, pero no aceptéis de forma irracional ningún poder externo.

La autoridad de Muhámmad

Todo nos devuelve a la praxis profética. Es indudable que Muhámmad ejerció de líder de la comunidad, pero debemos diferenciar es te liderazgo, basado en su ascendencia espiritual sobre sus compañeros, del que pueda ejercer un gobernante sobre sus subordinados. Los compañeros del Profeta no eran sus súbditos, sino sus hermanos, muchos de los cuales huyeron voluntariamente de La Meca, combatieron y sufrieron junto a él, construyeron una comunidad desde la nada. Lo reconocían como líder y maestro espiritual, pero le debían obediencia solo en cuanto Mensajero de Al-lâh. Esto mismo es válido hoy en día: podemos aceptar la autoridad del Profeta, como ser humano excepcional y guía de la humanidad, o podemos reconocer la autoridad de un maestro espiritual, sin que eso tenga nada que ver con aceptar una forma de gobierno político que nos sea impuesta desde fuera. Reconocemos la autoridad del Profeta porque reconocemos el potencial liberador y el sentido del mensaje transmitido. Esta aceptación es plenamente libre.

El Corán establece la autoridad de Muhámmad en cuanto Mensajero de Al-lâh de forma clara:

Y si Al-lâh y su Enviado han decidido un asunto, no cabe que un creyente o una creyente reclamen... (33: 36)

¡Pero no! ¡Por tu Sustentador! No creen [en realidad] hasta que no te hagan [oh, Profeta] juez de todo aquello en lo que discrepan y no encuentren en su corazón obstáculo alguno para aceptar tu decisión y se sometan [a ella] por entero. (4: 65)

96

Pero también establece que no hay coacción en el camino del islam (2: 256); que la aceptación del magisterio espiritual de Muhámmad es libre (88: 21-22); que se trata de un asunto de conciencia (39: 41); que cree quien quiere (18: 29); y que quien no crea que el Profeta es el Enviado de Al-lâh, no tiene ninguna obligación de aceptar su autoridad (50: 45; 5: 107). Es más: el Corán especifica una y otra vez que el Profeta no tiene ninguna autoridad sobre los que no aceptan su misión profética:

> Pero, si se apartan [de ti, oh, Profeta, sabe que] no te hemos enviado para que seas su guardián: tú no estás obligado sino a transmitir el mensaje [que te ha sido encomendado]. (42: 48)

> Así pues, obedeced a Al-lâh y obedeced al Enviado, y estad prevenidos; y, si os apartáis, sabed que a nuestro Enviado le incumbe solo transmitir con claridad el mensaje [que le ha sido encomendado]. (5: 92)

> Di: «Obedeced a Al-lâh y obedeced al Enviado». Y si le dais la espalda, él no tendrá que responder sino de lo que se le ha encargado y vosotros, de lo que se os ha encargado; pero, si le obedecéis, estaréis en el camino recto. Si bien el Enviado no está obligado más que a transmitir con claridad el mensaje [que le ha sido encomendado]. (24: 54)

Todo lleva a la siguiente conclusión: el Profeta no fue el jefe político de la ciudad de Medina, sino el líder espiritual de una comunidad de hermanos en el islam, que convivía en Medina con otras comunidades. Por si fuera poco, el Corán afirma que el Profeta ni siquiera tiene autoridad como ser humano sobre los que lo aceptan como Mensajero de Al-lâh. Esto es plenamente coherente con la visión del islam como anarquismo místico y su rechazo de toda autoridad humana. Ya hemos visto como el Corán asocia el shirk a la obediencia ciega a líderes religiosos que han usurpado la soberanía de Al-lâh o la obediencia debida a líderes religiosos. Cada uno es responsable de sus actos y en el día del juicio no podrá recurrir a mediadores. Esto incluye al propio Profeta:

> Di [oh, Profeta]: «¡oh, gentes! Os ha llegado ahora la verdad venida de vuestro Sustentador.
> Por tanto, quien elija seguir el camino recto lo sigue solo en beneficio propio; y quien elija extraviarse, se extravía solo en detrimento propio.
> Y yo no soy responsable de vuestra conducta». (10: 108)

Las expresiones de este tipo —«no te hemos enviado para que seas su guardián», «no eres su custodio», «no eres responsable de su conducta», etcétera— se repiten numerosas veces: 4: 80; 6: 66-67; 6: 106107; 5: 107; 17: 54 y 39:

41. La insistencia del Corán en este punto da que pensar. Parece que en su momento resultaba difícil para algunos entender el carácter liberador inherente a la profecía y que estos esperaban del Profeta que se comportase como un líder investido de la autoridad divina para reinar sobre todos. Pero eso es justo lo contrario de lo que el Mensaje del Corán proclama: guiarse por lo que ha sido revelado es un acto de conciencia que implica necesariamente liberarse de cualquier poder terreno.

En consecuencia, si la autoridad del Profeta debe ser respetada únicamente en cuanto que Mensajero de Al-lâh, está claro que no debe ser ciegamente aceptada en todos aquellos aspectos en los cuales no actúa como Mensajero, transmisor de un mensaje revelado, sino como un ser humano que toma decisiones personales, según su propia capacidad y entendimiento. A pesar de que reconocemos en el Profeta un ser humano excepcional, cuya capacidad está más allá de cualquier otro ser humano, el musulmán es consciente de que se trata de un ser humano y, por tanto, de una criatura limitada y sujeta a errores:

> Di [oh, Profeta]: «¡Soy solo un mortal como todos vosotros!». (18: 110)

De ahí que el Corán insista en distinguir entre Muhámmad como hombre y como Mensajero, entre las palabras transmitidas como Enviado —descendidas a su corazón de siervo: «No habla por su propio impulso» (53: 3)— y sus opiniones o decisiones personales. Merece la pena recordarse (por su contundencia) el llamado caso de las palmeras: el Profeta había visto a los musulmanes de Medina practicando el *talqih* (fecundación de una palmera hembra gracias al polen de una palmera macho). Muhámmad insistió en que se trataba de una operación innecesaria, puesto que la naturaleza se encargaba de ello. Se siguió su consejo con el resultado de que al año siguiente la cosecha de dátiles fue un fracaso.

> *El Profeta dijo: «Soy un ser humano, no soy un cultivador.*
> *Lo que os digo de Al-lâh es verdad. En cuanto a lo que digo de mi mismo, no soy más que un ser humano; por eso, me ocurre llegar a la verdad o alejarme de ella».*[38]

Señalar los errores cometidos por Muhámmad es resaltar su humanidad. Los musulmanes no creemos que Muhámmad fuese un ser sobrenatural, un enviado de otra galaxia capaz de obrar milagros. No lo hemos endiosado, como no endiosamos nada humano ni creado. Reconocer su humanidad es también señalar una distinción esencial entre Muhámmad como hombre

---

[38.] Abu al-Nasr, *Iytihad al-Rasul* (1950), citado en Saad Gharab, «El Iytihad o esfuerzo de renovación continua en el Islam», *Encuentro Islamo-Cristiano*, n.º 216, Madrid, 1990, p. 1-17.

y como Mensajero, una distinción que el Corán ha dejado clara, de modo que resulta sorprendente darse cuenta de como la jurisprudencia islámica clásica ha convertido en leyes inamovibles muchas de las decisiones, consejos o advertencias que el Profeta pronunció, sin que estas fuesen consideradas como parte del Corán. Resulta paradójico que se hayan elevado a normas jurídicas las palabras de un hombre que dijo que solo debía ser obedecido en aquello que le había sido revelado por Al-lâh. Todo el aparato jurídico del islam clásico se sostiene sobre unas premisas muy dudosas.

Asamblea

Dentro de esta cooperación, el principio de la *shura* es fundamental como instrumento de toma de decisiones colectivas.

> ... *[Los creyentes] tienen por norma consultarse entre sí.* (42: 38)

El concepto de shura (concertación o consulta mutua) es asociado comúnmente con la democracia (yo mismo lo he hecho en mi libro *El lenguaje político del Corán*),[39]

[39.] Abdennur Prado, *El lenguaje político del Corán*, Popular, Madrid, 2010.

pero creo que un término más apropiado sería el de «asamblea». En la mezquita de Medina se reunían todos los miembros de la comunidad, mujeres incluidas, para discutir y buscar soluciones de consenso a los problemas que se planteaban. Todos podían opinar, a todos se escuchaba. Las mezquitas no son templos donde oficie un sacerdote al cual los fieles le deban reverencia, sino lugares abiertos de encuentro y asamblea, a los cuales los creyentes acuden en cualquier momento del día o de la noche. Una mezquita no es un templo ni un lugar sagrado. En la mezquita se come y se bebe, se estudia y se discute.

Como prueba del alcance de la shura, se conocen decisiones tomadas de forma colectiva en contra de la opción defendida por el propio Profeta. Uno de los episodios más significativos al respecto es el de la batalla de Uhud. Amenazados por los quraysíes que se dirigían contra Medina, los creyentes se reunieron para deliberar y tomar una decisión conjunta. Dado que había opiniones diferentes, se decidió por mayoría salir al encuentro de los quraysíes, en oposición a la opinión del propio Profeta, partidario de esperar. La vida de la comunidad estaba en juego, y Muhámmad no apeló a su autoridad como líder de la comunidad o como Mensajero de Dios para tratar de imponer su punto de vista. Como es sabido, la decisión tomada en concertación fue la causa de la derrota de los musulmanes. Este es el contexto de la revelación de la aleya citada anteriormente:

Y fue por una misericordia de Al-lâh que trataste [oh, Profeta] con suavidad a tus seguidores: porque, si hubieras sido severo y duro de corazón, ciertamente, se habrían apartado de ti.

Así pues, perdónalos y pide perdón por ellos.

Y consulta con ellos en todos los asuntos de interés público; luego, cuando hayas tomado una decisión, pon tu confianza en Al-lâh: pues, ciertamente, Al-lâh ama a quienes ponen su confianza en él. (3: 159)

Es decir: a pesar de la decisión «errónea» de la shura, la revelación confirma que este era el procedimiento correcto. Para Muhámmad, contrastar y consensuar las decisiones era lo normal entre miembros de una comunidad concebida como igualitaria. La idea de la infalibilidad de un hombre es ajena al islam.

Los compañeros del Profeta distinguían claramente entre sus opiniones personales y la palabra revelada. Antes de la batalla de Badr, Muhámmad hizo un llamamiento: «¡Oh, gentes, confrontad conmigo vuestros puntos de vista!». Uno de los *sahaba*, Ibn al-Mundhir, le preguntó si la colocación que había escogido para la confrontación era el objeto de una revelación o si era una decisión personal. El Profeta respondió que era decisión personal suya y entonces Ibn Mundhir criticó su opción y le convenció de cambiar la posición.

La responsabilidad de cada individuo ante Al-lâh y ante la humanidad es esencial en el mensaje del Corán. Siendo así, es lógico que el Profeta no solo aceptase, sino valorase la libertad de conciencia y de debate, hasta tal punto que existe un hadiz categórico: «La divergencia de opinión en la umma es una misericordia de Al-lâh para la gente».[40] El principio del *ijtilaf* (desacuerdo, divergencia) es fundamental en la jurisprudencia islámica posterior. En su tratado *Jazil al-mawahib fi ikhtilaf al-madhahib*, Hafiz as-Suyuti comenta los beneficios de este hadiz y termina: «Otro beneficio es que una persona legalmente responsable puede escoger la que más le guste entre las opiniones [de las escuelas de jurisprudencia]». Esta aceptación de la diversidad de opiniones se extiende también a las críticas de los enemigos del islam. Hay que tener en cuenta que Muhámmad fue agriamente criticado a lo largo de toda su misión profética. A pesar de la presión de algunos de sus compañeros, siempre recomendó soportar los insultos con paciencia y trató de evitar las represalias hacia sus críticos. De esta

---

[40] Recogido en Al-Hafiz al-Bayhaqi, *Al-Madkhal* y en Al-Zarkashi, *Tadhkirah fi al-ahadith al-mushtaharah*. Este dicho del Profeta es puesto en duda por numerosos musulmanes, que no pueden comprender como una diferencia de opinión puede constituir una misericordia. Pues están presos de un concepto de «verdad objetiva» accesible a los humanos y no saben que la uniformidad es el mal más destructivo.

actitud da cuenta el Corán en varios versículos (3: 186; 25: 63).

Administración de la justicia

Toda comunidad humana se ve abocada a juzgar en litigios producidos entre miembros de la comunidad. Los anarquistas son conscientes de ello y no niegan que deba existir algún tipo de justicia que corrija la situación producida en caso de delito y satisfaga a la víctima de alguna tropelía. Pero distingue entre la justicia que pueda impartirse entre los propios miembros de una comunidad y la creación de un aparato legal al servicio del Estado. En su *Investigación sobre la justicia política* (uno de los grandes clásicos del anarquismo, publicado en el año 1793), William Godwin afirma que la comunidad no tiene potestad para hacer leyes. La única ley es la de la razón natural:

> *Sus decretos son irrevocables y uniformes. La función de la comunidad se encamina no a hacer, sino a interpretar la ley. No puede decretar, tan solo puede declarar aquello que ya ha decretado la naturaleza de las cosas.*

La idea de que los hombres no pueden inventarse leyes está relacionada con la idea de que el sentido de la auténtica justicia es natural e innato. No es una construcción artificial realizada por el ser humano. Pues una justicia elaborada por los hombres no refleja más que las proyecciones de las necesidades e intereses de sus creadores. Esta teoría no es en absoluto nueva: ya en la antigua Grecia, Arquelao distinguía entre la ley humana convencional (*nomos*) y las leyes de la naturaleza (*fisis*). El *nomos* es cambiante, una convención creada por los ricos para oprimir a los pobres. La *fisis* es eterna e inmutable, es la ley natural reguladora del comportamiento, y no obra de los hombres. Por naturaleza (*fisis*) todos somos iguales, pero la ley convencional (*nomos*) establece jerarquías, clases, diferencias. Frente a las leyes creadas por el ser humano, Godwin habla de una justicia innata o inmanente. Esta puede ser puesta en paralelo a la idea de la revelación: una comunicación que viene directamente de la Realidad Única (el anarquista tal vez hablaría de «la naturaleza») y, por tanto, no es el resultado de la proyección de intereses personales. Juzgar según lo que ha sido revelado significa entonces evitar cualquier manipulación humana, cualquier legislación elaborada por el Estado o los expertos.

Esta idea de la justicia conduce de forma directa a negar todo aparato judicial como institución. No hay justicia en un juicio celebrado en un tribunal estatal, como sala establecida por el poder para dictar sentencias, mediante jueces formados y enviados por el propio Estado, como garantes del cumplimiento de una ley elaborada a cientos de kilómetros por burócratas amaestrados. Estos jueces, a los cuales las partes en litigio ven como extraños o enemigos, forman parte de una clase en el poder y deben ser protegidos del pueblo al cual sentencian. Su única misión es preservar «el imperio de la ley» y no resolver los conflictos que se produzcan en una comunidad. Otra cosa muy diferente son los juicios que se puedan realizar entre los miembros de una pequeña comunidad en la cual todos se conocen y en la cual una persona por todos respetada actúa como juez. En palabras de Tolstói:

> ¿Por qué suponemos que no puede haber tribunales sin violencia? El juicio, realizado por gentes en quienes los litigantes confían, ha existido siempre y siempre existirá, y no necesita violencia.[41]

Piotr Kropotkin escribió largas páginas sobre la inutilidad de una justicia represiva, que lo único que genera es más delincuencia y el envilecimiento de la sociedad, sin modificar las condiciones que producen delincuentes:

[41.] Lev Tolstói, *The slavery of our times*, Kessinger Publishing, Whitefish, 2004, p. 40 [Hay trad. cast., *La esclavitud de nuestro tiempo*, trad. Fernando Catalán Segovia, Littera Books, Barcelona, 2001].

¿Es preciso para un Gobierno castigar a los que violan las leyes de la sociedad? Cuanto más estudiamos la cuestión, tanto más estamos obligados a afirmar que la sociedad, en sí, es responsable de las acciones antisociales cometidas en medio de ella; y que ningún castigo, ninguna cárcel y ningún verdugo puede disminuir el número de tales hechos; solamente puede hacerlo una reorganización de la sociedad misma.

[...] Las tres cuartas partes de los delitos que son juzgados por los tribunales cada año tienen su origen, o directa o indirectamente, en la desorganización actual de la sociedad, en lo que se refiere a la producción y distribución de la riqueza, y no en la perversidad de la naturaleza humana.[42]

También podríamos citar a Wilhelm Weitling:

La sociedad perfecta no tiene Gobierno, sino solo una administración. No tiene leyes, sino únicamente deberes y derechos. No tiene castigos, sino medios de corrección.[43]

---

[42]. Mijaíl Bakunin, «The coming anarchy», *The Nineteenth Century*, n.º 126, Londres, 1887, p. 160.

[43]. Citado por Claudio Lozano en el prólogo a Mijaíl Bakunin, *La instrucción integral*, s/l, s/f, p. 1, lc.cx/g6atW7.

A la hora de comprender cómo funcionaba la justicia en la comunidad de Medina, hay que borrar la imagen actual de la sharia como un código civil y penal complejo. En sus inicios, la comunidad de Medina no tenía leyes: las fue generando a medida que se iba desarrollando la vida en común. Todas aquellas leyes que han quedado consignadas en el Corán son el resultado de la mediación ejercida por Al-lâh, mediante el Mensajero. Son aquellos casos en los cuales el Profeta recibe de Al-lâh una respuesta a una disputa o una norma general que puede considerarse como jurídica. El Corán establece algunas de estas normas, relativas al asesinato, el robo, el divorcio, el adulterio, la calumnia, el reparto de la herencia, etcétera. Pero otras muchas decisiones tomadas por Muhámmad no le fueron reveladas, sino que las tomó por propia deducción, tras escuchar las alegaciones de las partes. Estas han sido recogidas en los hadices.

¿Fue Muhámmad un juez?

El profeta Muhámmad no era un juez, por lo menos no en el sentido actual de la palabra, entendida como el ejercicio de una profesión consistente en juzgar asuntos en tribunales establecidos como tales. El Profeta actuó como juez porque era requerido para ello. Hay un hadiz muy elocuente:

Me buscáis para que decida entre vosotros y puede ser que algunos sean más hábiles que otros en la presentación de sus alegaciones. Así que, a aquel a quien yo haya atribuido en juicio algo que fuese por derecho de su hermano, no será otra cosa que una parte del infierno lo que yo le haya asignado. Que no se me tome en cuenta.

En este hadiz se palpa la incomodidad del Profeta con tener que actuar como juez y pide que no se le tengan en cuenta sus errores, ya que puede haber sido engañado por la elocuencia de uno de los contendientes... En este caso, este cargará con su culpa en la otra vida. Pero lo que más me interesa destacar es la primera frase: «Me buscáis para que decida entre vosotros...», dando a entender que es algo que ejerce a petición de las gentes, y no por ostentar un cargo. Lo cual quiere decir que el Profeta no era juez, en el sentido de que esa no era su función, sino que en ocasiones actuaba como juez, lo cual es muy distinto. Además, este hadiz pone en claro que su actuación a la hora de juzgar disputas es distinta de su actuación como Enviado de Al-lâh y que, en cuanto juez, puede equivocarse como cualquier otro.

En la comunidad islámica de Medina no había ni jueces ni tribunales, tal y como hoy los entendemos. En toda la vida de la comunidad de Medina, solo se conocen tres ocasiones en las cuales el Profeta designó a alguno de sus compañeros para ejercer de juez, pero en ninguno de esos casos está claro que el nombramiento significase el establecimiento de un cargo o una misión concreta de mediación en un conflicto determinado.

De esto se deriva la crítica radical del *fiqh* o jurisprudencia islámica tradicional. Nunca he comprendido el mecanismo por el cual dedujeron que los dichos del profeta eran leyes literalmente aplicables fuera del tiempo y del contexto en el cual fueron pronunciados. Ante la falta de los mínimos elementos en el Corán que permitiesen construir una jurisprudencia válida para gobernar un imperio como el de los califatos omeya y abasida, los juristas del periodo clásico recurrieron a los dichos del Profeta. Así, si el Profeta le dijo algo a una persona determinada, de la cual conocía sus circunstancias personales y carácter, hicieron de esa comunicación privada una ley universal, válida para todos los musulmanes en todos los tiempos. Pero eso es una falacia. Más bien, se trata de consejos o ejemplos de sabiduría, que debemos contextualizar para sacar provecho de ellos.

Apoyo mutuo

La presentación del Enviado de Al-lâh como jefe de Estado se basa en la confusión entre la comunidad y el Estado. Por «comunidad» se entiende la vida en común de un grupo de personas, unidas por unas convicciones y una aspiración comunes, libremente aceptadas. No por atavismos como puedan ser la raza, la patria, la ideología o del territorio... Ni siquiera unidas por la religión institucionalizada o cerrada en unos dogmas y doctrinas, como se pretende hoy en día, sino por el proyecto de construcción de una sociedad igualitaria, basada en una serie de premisas: todos los seres humanos son hermanos, todos somos hijos de Adán, todos somos (potenciales) califas de Al-lâh sobre la tierra, encargados del cuidado del mundo y de nosotros mismos. Varios versículos coránicos dan cuenta de esta dimensión:

Todos los creyentes son hermanos. (49: 10)

Los creyentes, hombres y mujeres, son protectores unos de otros. (9: 71)

No alcanzaréis la piedad auténtica mientras no gastéis [en los demás] algo de lo que amáis. Y Al-lâh conoce bien cualquier cosa que gastáis. (3: 92)

Y en las palabras del profeta Muhámmad:

Los más amados por Al-lâh son quienes más benefician a los otros. La acción más amada por Al-lâh es hacer feliz a un musulmán, aliviar sus problemas, perdonar sus deudas o saciar su hambre.[44]

---

44. Imán Al-Tabarani, *Al-Mu'jam al-Awsat*, hadiz 6026.

112

Los creyentes, en su compasión mutua, en su cariño mutuo y en su amor mutuo, son similares a un cuerpo; si uno de los órganos enferma, todo el cuerpo comparte con él la vigilia y la fiebre.[45]

Intercambiad presentes, porque los presentes remueven el rencor del corazón de la gente.[46]

Todos estos versículos y dichos del Profeta se sitúan en la línea de una comunidad basada en la ayuda mutua y la cooperación, la fraternidad universal como principio regulador de las relaciones humanas. No hay nada más noble que el servir a los demás y, por ello, cuando se dirigían a él, el Profeta contestaba con la palabra *adbu*, servidor. Este es el tema de *El apoyo mutuo*,[47] en el que Kropotkin exploró la utilidad de la cooperación como un mecanismo de supervivencia en la naturaleza, tanto en comunidades humanas como animales, en contraste con las teorías del darwinismo social que defendían la idea de que el hombre es un lobo para el hombre y de que la competición feroz por la supervivencia era el motor de toda evolución. Para Herbert Spencer, la lucha por la vida (*struggle for life*) y la supervivencia del más apto representan no

---

45. Al-Bujari, *Sahih*, hadiz 2018, *op. cit.*, p. 305.
46. Hakim Tirmidhi, *Sunan*, p. 78.
47. Piotr Kropotkin, *El apoyo mutuo. Un factor de evolución*, trad. Luis Orsetti, Pepitas de Calabaza, Logroño, 2016.

solamente el mecanismo por el cual la vida se transforma y evoluciona, sino también la única vía de todo progreso humano. Sienta así las bases de lo que se llamará «darwinismo social», con influencias posteriores en el capitalismo feroz manchesteriano y el racismo. Thomas H. Huxley, discípulo de Darwin, publicó en 1888 un auténtico manifiesto del darwinismo social: *The struggle for life. A programme*. Frente a estos autores, Kropotkin destaca que la supuesta «incansable lucha sangrienta» por los recursos no es tan frecuente como Darwin nos hace imaginar, sino que existen otros muchos ejemplos de colaboración entre los individuos agrupados en manadas, familias, etc. Observa que en los animales no es tanta la lucha por la supervivencia de unos contra otros como la lucha por la supervivencia contra un entorno hostil, por ejemplo: en el caso de unas aves que, en invierno y ante la escasez de alimentos, deciden emigrar en grupo a otras tierras, en lugar de luchar entre ellas por un escaso alimento. La ayuda mutua describe la cooperación, la reciprocidad, el trabajo en equipo, el intercambio voluntario de recursos, habilidades y servicios por un beneficio mutuo entre varias partes. Se entiende la cooperación como pacto interesado de todas las partes. Con el concepto de *apoyo mutuo*, se sostiene que los pactos de asociación cooperativa son los que mejores resultados dan a largo plazo, puesto que las actitudes altruistas desinteresadas (pensar primero en los demás a costa de uno mismo) y las egocéntricas explotadoras (pensar en uno mismo a costa de los demás) son situaciones insostenibles a largo plazo.

La ayuda mutua es un principio común al islam y al anarquismo, en la búsqueda de un equilibrio entre lo colectivo y lo individual, y representa la negación del Estado o de un gobierno impositivo en cuanto que destructor de las relaciones humanas naturales. Para Kropotkin y otros anarquistas, el capitalismo promueve la lucha de todos contra todos, las actitudes egoístas, y el Estado perjudica el desarrollo del apoyo mutuo y tiende a destruir los lazos de persona a persona. Al apoderarse de las funciones sociales, se incrementan los deberes de los ciudadanos hacia el Estado, en detrimento de los deberes hacia el resto de los ciudadanos.

Juzgar según lo que ha sido revelado

Cuando el Corán nos llama a juzgar según lo que ha sido revelado (5: 44-50; 4: 105; 6: 114), hay que evitar la imagen de una aplicación anacrónica de los versículos coránicos como si fuesen leyes, en el sentido que la judicatura del Estado da a sus leyes. Nada más lejos del Corán. Aquí hay que recordar la crítica del Corán al seguimiento ciego de la religión de los antepasados, y aquel magnífico versículo coránico que asocia el cometer actos abominables a no aplicar la razón a la palabra revelada. El «juzgar de acuerdo a la palabra revelada»

115

es equiparado a establecer la justicia social en la comunidad. El imperativo social del islam es el de la justicia universal. El Corán da cuenta de una serie de principios rectores fundamentales: rechazo de la tiranía, igualdad ante la ley, libertad religiosa y de conciencia, justicia social, derecho al asilo y solidaridad con los necesitados. Injusticia es todo aquel acto, pensamiento o palabra que rompe con este equilibrio natural:

> *Di: «Mi Sustentador solo ordena la equidad».* (7: 29)

> *Al-lâh ordena la justicia, hacer el bien y la generosidad hacia los otros.* (16: 90)

> *¡Oh, quienes tenéis confianza (en Al-lâh)! ¡Que vuestro fundamento se base en lo que Al-lâh [os ha enseñado] que es justo y de derecho, siendo testigos de la equidad! ¡Sed de los equitativos! ¡Esto es lo más próximo a la conciencia de Mí!* (5: 8)

El Corán nos exige el esfuerzo como comunidad de aplicar los principios de justicia emanados del Corán a nuestra situación, de forma que no sean un obstáculo o un ídolo reaccionario, sino un estímulo y una guía para la consecución de una sociedad igualitaria. Esto exige esfuerzo interpretativo de cada uno de sus miembros (*iÿtihad*) y la búsqueda del consenso entre todos (*iÿma*); una vez más, el equilibrio entre la libertad

116

individual y las necesidades colectivas, con el Corán y el ejemplo del Profeta como guías, jamás como un catecismo o un libro de leyes que deben ser aceptadas sin una meditación sobre los fines, las posibilidades y las necesidades reales de cada comunidad.

Esto es especialmente cierto sobre las normas jurídicas contenidas en el Corán, que hay que entender en su contexto. Hoy en día muchos se horrorizan por la existencia de castigos corporales en la comunidad de Medina. Pero podemos hacernos la siguiente pregunta: en caso de una sociedad sin cárceles ni policía, ¿cómo se castiga un delito? En su novela *Eumeswil*, Ernst Jünger pone en boca de uno de sus personajes la siguiente reflexión:

> La mayoría de los delitos pueden castigarse rápida y dolorosamente, con azotes. ¿Quién no prefiere esto a una larga prisión? Todos están de acuerdo en este punto: el culpable, los jueces, la opinión pública.[48]

Bastaría con preguntarle a los propios condenados: ¿qué prefieres, cien azotes o tres años de prisión? A un hombre al cual meten en la cárcel prácticamente lo condenan de por vida. En la cárcel no recibe cien, sino mil azotes: de otros presos y de sus guardianes. Allí corre la droga, es humillado y estigmatizado. La aplicación de un castigo en el islam tradicional restituye

---

48. Ernst Jünger, *Eumeswil*. trad. Marciano Villanueva, Seix Barral, Barcelona, 1993, p. 325.

117

por completo al hombre a su comunidad. Los castigos corporales solo tienen sentido en una sociedad sin cárceles, en la cual todas las bases del islam han sido establecidas: educación y medicina gratuita para todo el mundo, el azaque al alcance de los necesitados, erradicación total de la pobreza, etc. Espero que no se entienda esto como una apología de los castigos corporales. Más bien, se trata de poner en evidencia la hipocresía de un sistema que se lleva las manos a la cabeza cuando oye hablar de latigazos, pero es capaz de encerrar a cientos de miles de personas en cárceles durante años, lugares en los cuales son sometidos a la humillación diaria de sus carceleros, lugares en los cuales se los adoctrina en el crimen y se los estigmatiza de por vida, condenándolos a formar parte de una masa de criminales, necesaria para el buen funcionamiento del capitalismo.

Recordemos el análisis de Michel Foucault. El sistema carcelario tiene por objeto la creación de una población estable de reclusos que justifique las grandes dotaciones para cuerpos de seguridad del Estado y el mantenimiento de un aparato judicial que garantice los privilegios de las clases altas. Si hay cárceles y policías, jueces y abogados, no es necesario que haya justicia social para que los ricos puedan vivir tranquilamente en sus mansiones. En caso de que cometan un delito, podrán pagar a una firma de abogados que sabrá como salvarlos. En caso de que sean víctimas de un delito, el sistema se encargará de poner las cosas en su sitio.

Justicia económica

El sentido de la justicia social es central a la praxis del Profeta, hasta el punto de que no sería descabellado definir el islam como un movimiento social y espiritual al mismo tiempo, desde una concepción del ser humano como dotado de una dimensión material y espiritual que deben armonizarse en un modo de vida equilibrado. El islam siempre ha defendido la posibilidad de gozar del bienestar dentro de los límites de la sharia; nunca fue un sistema de vida ascético negador del disfrute de los bienes terrenales.

Numerosos hadices muestran la alta conciencia del Profeta sobre cuestiones económicas. No en vano fue comerciante durante muchos años, y antes había sido pastor. Desde los inicios de su magisterio, su mensaje fue percibido como una amenaza por las oligarquías de Arabia. Como veremos, hay muchas razones para ello. El Profeta no era un rey ni un gobernante, era un hombre corriente que luchaba por los suyos, con los suyos, en contra de los privilegios de los poderosos. Estamos hablando de un hombre que dijo:

> *Al-lâh ha establecido las provisiones de los pobres en las haciendas de los ricos. Si existen hambrientos y desnudos, se debe a las transgresiones de los ricos.*[49]

---

49. Al-Mustadraq, tomo I, p. 509.

A partir de esta constatación, introdujo una serie de medidas y criterios para regular la vida económica de la comunidad y lograr la justicia distributiva. No soy economista ni estoy seguro de que se pueda hablar de un modelo económico islámico y tampoco creo que las medidas que dictó puedan o deban ser aplicadas de modo anacrónico al presente, ni mucho menos: todo está sujeto al *iytihad* y a las necesidades de la comunidad que decida libremente aplicarlas. Al dictar dichas medidas, el Profeta no estaba teorizando, sino actuando en una comunidad concreta, básicamente formada por pequeños comerciantes y cultivadores de palmeras y otras plantas. Lo importante aquí es darse cuenta de cómo sus planteamientos sobre economía lo sitúan en la órbita anarquista.

Hemos destacado que el Profeta no nombró jueces ni policías, ni gobernantes ni ministros, y que prohibió el sacerdocio. Ahora debemos señalar una excepción, la existencia de algunos cargos relacionados con la economía: «Tenía el Profeta agentes que aseguraban, bajo su mando, la inspección y el recaudo».[50] Pero, precisamente, en esto no se aleja necesariamente del anarquismo. Todos los anarquistas coinciden en que en el momento en que termine la dominación política, las relaciones económicas se convertirán en el principal terreno en el cual será necesaria una organización. Existe la conciencia de

---

[50.] Abd al-Ráziq, *El islam y los fundamentos del poder, op. cit.*, p. 115.

que la libertad económica sin límites pondría a los seres humanos y a la naturaleza a disposición del capital. Ante los desmanes del capitalismo, cada día resuenan con más fuerza las palabras de Jacques Roux, en 1793, reclamando que la Revolución francesa se centrase en lo social: «¿Qué es la libertad cuando una clase de hombres hace morir de hambre a otra?». Un buen epitafio para la modernidad occidental, pronunciado en el momento de su mismo nacimiento. Precisamente, la ayuda mutua y el cooperativismo son frenos naturales a la creación de instituciones financieras tiránicas. Pero no basta con eso: la prohibición de la usura y los límites a la explotación de la propiedad privada son indispensables para garantizar un reparto armónico de los recursos naturales.

Ética económica

Estos son los criterios del islam en cuanto a la organización económica de la comunidad: prohibición de la usura, límites a la propiedad privada, evitar monopolios, prohibición de los intermediarios que especulan con el precio de los productos, condena del ahorro, condena del consumismo, condena del lujo, condena del despilfarro... No se puede malgastar ni maltratar la creación. Todo un programa ético: elogio de la austeridad, del vivir de forma equilibrada, con modestia. El desapego hacia los bienes terrenales no se transforma en rechazo del mundo natural, sino al contrario. El rechazo de los bienes y las satisfacciones artificiales, del consumismo vacuo, nos devuelve a los ritmos naturales, nos hermana con el resto de la creación. Un modo de organizar los recursos materiales sobre la base de la cooperación y la participación, con el objetivo de proveer satisfacción a todos los seres humanos, de forma que estos, a su vez, puedan cumplir con sus obligaciones para con Al-lâh y la comunidad. Una concepción de la economía profundamente ética... y estética... y ascética. En esto, el anarquismo y el islam coinciden totalmente. El historiador del anarquismo George Woodcock destaca esta convergencia:

> El elemento profundamente moralista del anarquismo [...] que hace de él mucho más que una mera doctrina política [...]. El estímulo a la simplicidad es parte de una actitud ascética que cala en el pensamiento del anarquista. El anarquista no siente simplemente cólera hacia los ricos; se siente furioso contra la riqueza misma. A sus ojos el rico es víctima del lujo, como el pobre lo es de su indigencia [...]. La suficiencia que permita a los hombres ser libres: he aquí el límite de la demanda anarquista al mundo material [...]. Simplificando la existencia, de modo que la tarea se reduzca, el anarquista cree que el

hombre puede entonces dedicar su atención a las nobles actividades y conseguir el equilibrio filosófico en que la muerte dejará de ser aterradora.[51]

Igual que el anarquista, también Al-lâh condena a quienes acumulan riquezas y no son solidarios mientras sus semejantes padecen carestía:

¡Hay de aquel que ha reunido una fortuna y la considera como una salvaguarda, creyendo que su riqueza le hará vivir eternamente!
¡Qué va! Será arrojado a un tormento demoledor. (104: 1-2)

[El fuego] reclamará para sí a quienes dan la espalda y se apartan, los que amasan [riquezas] y luego las retienen. (70: 17-18)

¡Pero no! ¡Al contrario, [oh hombres, considerad todo lo que hacéis y dejáis de hacer] no sois generosos con el huérfano, ni os instáis unos a otros a alimentar al necesitado, y devoráis con voracidad la herencia [de otros] y amáis la riqueza con un amor desmedido! (89: 17-20)

---

[51] Woodcock, *El anarquismo...*, *op. cit.*, pp. 29-30.

123

También coinciden en la alabanza del trabajo manual y de la dignidad de los trabajadores. Dijo el Mensajero de Al-lâh:

> *La comida más pura es la que un hombre se ganó con sus propias manos.*[52]

Una vez se le acercó uno de sus compañeros y, al ver que tenía las manos ajadas y ennegrecidas, el Profeta le preguntó el motivo. El hombre le dijo que había trabajado con un arado sobre una tierra dura, para ganar el sustento para su familia. Al oír esto, el Profeta tomó sus manos y las besó. Y les dijo a aquellos que tenían empleados:

> *Pagad a los trabajadores su jornal antes de que el fruto de su sudor se seque.*[53]

Límites a la propiedad privada

Si bien existe el anarcocomunismo, que defiende la colectivización y abolición de la propiedad privada, el anarquismo a menudo ha distinguido entre un concepto de la propiedad como derecho absoluto y la

---

[52.] Al-Bujari, «Dignidad en el trabajo», en *Sahih*, *op. cit.*, p. 150.

[53.] Ibn Maya, «Los fundamentos del negocio», en *Sunan*, hadiz 2443, p. 817.

posesión como derecho de uso para garantizar la subsistencia de individuos y familias, dentro del contexto más amplio de la ayuda mutua.

Una constante de los autores libertarios es la negación de la propiedad privada lockeana, entendida como un poder de disposición ilimitado. Pierre-Joseph Proudhon criticó duramente esta concepción, defendiendo en su lugar la posesión, de tal manera que el control de la vivienda, de los recursos naturales y de los medios de producción estuviera siempre en manos de los trabajadores. La crítica de Proudhon y otros anarquistas al comunismo es coherente con su anhelo de libertad y autonomía, del mismo modo que su crítica a la propiedad absoluta es coherente con su anhelo de justicia. El ser humano es social, pero esta sociabilidad no es gregaria ni anula su personalidad, como en el comunismo. El ser humano es autónomo, pero esta autonomía no es individualista ni insolidaria, como en el capitalismo. El anarquismo es la síntesis de ambos.

También el islam permite una cierta posesión o propiedad, pero esta posesión está sometida a los límites del beneficio común. El Corán dice que Al-lâh es el único propietario:

> *A Al-lâh pertenece todo cuanto hay en los cielos y la tierra.* (11: 284)

El ser humano es califa y puede ser propietario hasta cierto punto. La tierra es considerada como un regalo de Al-lâh, su auténtico propietario. De ahí se

125

derivan normas concernientes a la propiedad de la tierra y de los animales. Si el propietario hace un mal uso de la tierra, la destruye o no la utiliza para los fines que debería, puede ser despojado de su propiedad: «Lo que se hizo permisible por una razón, se convierte en prohibido en caso de ausencia de ese motivo» y «Todas las falsas excusas que conduzcan a daños deben ser repudiadas».

Se entiende que no utilizar una propiedad para su uso natural despoja al propietario del derecho de esa propiedad. Si aplicamos este principio, salta a la vista que un musulmán no puede tener varias casas sin una justificación. En consecuencia, el Corán habla del derecho de ocupar casas y tierras abandonadas:

> No incurriréis en falta si entráis [libremente] en casas deshabitadas, que pueden ser de provecho para vosotros: pero [recordad que] Al-lâh conoce lo que hacéis públicamente y lo que ocultáis. (24: 29)

Hace años, un grupo de musulmanas enarbolaron una pancarta con este versículo coránico en una manifestación de apoyo al movimiento okupa en Barcelona, con motivo de un violento desalojo.

Se comprende también que el profeta Muhámmad enfatizara el derecho a reclamar el uso de una tierra:

> Cualquiera que dé vida a una tierra muerta, la recompensa que esta tierra dé es para él y, en

caso de que cualquier criatura que busque alimento coma en ella, debe ser considerado como una caridad por su parte.[54]

Tanto el versículo coránico sobre la ocupación de casas como este hadiz constituyen una aplicación concreta del principio del califato, como uso responsable de la propiedad, que debe evitar tanto el daño directo sobre la propiedad como el que pueda causar a terceros. Se trata de una visión holística, surgida de la conciencia de que cualquier objeto está conectado con otros y, por tanto, los afecta. Desde el momento en el que adquirimos conciencia de esto, un mandato interior nos exige actuar en consecuencia, pensando en los efectos de nuestros actos sobre terceros. Se trata también de una aplicación concreta de la *amana*: el ser humano es depositario de los bienes de los que disfruta, pero no su último propietario. Propiedad significa derecho al uso. Esto quiere decir que el único poseedor legítimo de una tierra es el que la trabaja, proclama libertaria. Pero el propietario último tampoco es el Estado, como en el marxismo-leninismo, sino Al-lâh. Todo esto se puede poner en paralelo con el anarquismo:

Lo que en una sociedad autogestionaria se acaba es tanto el sentido de la propiedad como cosa

---

[54] Citado en Abdullah al-Mamun al-Suhrawardy, *The sayings of Muhammad*, John Murray, Londres, 1992, p. 66.

127

sin límites como el sentido de que nada pertenece a nadie, sino al Estado absoluto.[55]

El profeta Muhámmad dijo:

Cualquiera que monopolice algo es un farsante (o un estafador).[56]

Existen normas contra el monopolio de recursos naturales que sean necesarios para el bien común. Por ejemplo: se prohíbe situar una granja al lado de un recurso acuífero, de manera que lo monopolice y afecte a otras granjas. También se protegen para el uso común pozos y otros acuíferos. En el islam se considera que los recursos naturales y la vida salvaje tienen sus derechos, derechos no abstractos, sino legales. Es bien conocido que existen zonas llamadas «haram», como la zona de La Meca donde tienen lugar los ritos centrales del *hayy,* la peregrinación, o los famosos harenes de mujeres, una perversión creada por los omeyas, tan del gusto de los orientalistas. Pero es menos conocido que el Profeta estableció hace ya siglos zonas naturales, protegidas, que reciben el nombre de *hima.* Estas pueden constituir reservas naturales, en las cuales toda actividad humana está vedada, o espacios protegidos parcialmente, en los

---

[55.] Carlos Díaz, *La actualidad del anarquismo*, Ruedo Ibérico, Barcelona, 1977, p. 98.
[56.] Muslim, *Sahih*, hadiz 3910, *op. cit.*, p. 917.

cuales no se puede cazar durante determinadas temporadas o en los cuales la tala de árboles está prohibida. Estas zonas suelen contener acuíferos alrededor de los cuales la vida animal y vegetal se desarrolla. Se trata de limitar o vedar la explotación humana de zonas vitales, con el objeto de preservarlas. El profeta Muhámmad estableció varias de estas zonas inviolables, especialmente alrededor de Medina, que rodeaban cursos de agua y otras zonas vitales para la supervivencia colectiva.

Prohibición de la usura

Pero esto no basta para garantizar la justicia económica. Hay que tomar medidas para evitar la especulación y el préstamo con interés, que conducen a la acumulación de bienes de modo artificial, sin producir nada, simplemente aprovechándose de las miserias de los otros. En nuestro libro *El islam anterior al Islam*,[57] nos hemos referido largamente al tema de la prohibición de la usura establecida en el Corán, insertándola en el conjunto de prohibiciones expresadas por las cosmologías tradicionales. Leemos en el Corán:

[57.] Abdennur Prado, *El islam anterior al Islam*, Oozebap, Barcelona, 2008.

Al-lâh os ha prohibido el préstamo con interés y os ha hecho lícito el comercio. (2: 275)

La palabra coránica que se traduce por «usura» es *riba*, literalmente «incremento»: no existe una diferencia entre préstamo con interés legal y usura, tal y como ha sido artificialmente establecida en las leyes modernas. El árabe no nos permite falsear el mandato coránico, distinguiendo entre un «incremento lícito» (tasa de interés) y un «incremento ilícito» (usura). La tradición islámica no puede ser más clara:

> *Abu Saíd Judri reportó que el Mensajero de Al-lâh dijo: «Oro por oro, plata por plata, trigo por trigo, cebada por cebada, dátil por dátil y sal por sal, deben ser vendidos en equidad unos con otros. Cualquiera que demandó o pagó más de lo debido, ha cometido una transacción de usura. Tanto el comprador como el vendedor, quien da y quien recibe son iguales al respecto».*[58]

Otro hadiz dice:

> *El Profeta maldijo al usurero, al pagador, al notario y a los testigos, y dijo que todos ellos eran iguales [en responsabilidad].*[59]

[58.] Muslim, *Sahih*, hadiz 3852, p. 905.
[59.] *Ibid.*, hadiz 3881, p. 911.

130

Y aún otro:

A pesar de la abundancia que el interés pueda generar, su fin es encarecer y empobrecer.[60]

Este hadiz es precioso y se conecta con otras medidas tendentes a evitar la intromisión de especuladores:

No es lícito al sedentario entrometerse en las ventas del beduino.[61]

Y también en contra de los especuladores:

Aquel que compra alimentos no debe venderlos hasta que haya tomado posesión de ellos.[62]

E incluso de la publicidad engañosa (¿existe publicidad que no sea engañosa?):

Hay tres personas a las cuales Al-lâh no hablará en el día del juicio. Una de ellas es quien promueve la venta de sus mercancías con falsas promesas.[63]

---

[60] Recopilado por Ahmed ibn Hanbal, Baijaqui e Ibn Maya.

[61] Muslim, *Sahih*, hadices 3628-3633, pp. 866-867.

[62] *Ibid.*, hadiz 3646, p. 869.

[63] *Ibid.*, hadiz 171, p. 80.

Estos hadices hablan de directrices relativas al comercio y nos muestran una conciencia clara sobre los peligros de la usura y de la especulación, al mismo tiempo que una preocupación por los derechos de los más humildes. La preocupación del Profeta fue en todo momento evitar las desigualdades sociales. Frente a la usura como destrucción del equilibrio natural, se sitúa la idea del comercio justo. El propio Profeta fue comerciante, así como muchos de sus compañeros, y alentó el uso de monedas y el intercambio. Tal y como hemos escrito en otro lugar, el comercio se da como intercambio entre criaturas perecederas, como un modo de fluir, de comunicación, de encuentro. El comercio es un modo mediante el cual el ser humano trasciende sus fronteras, un modo de acercarse al otro, de verse obligado a entablar una comunicación, a encontrar un lenguaje común y entenderse. Implica solidaridad, mirarse cara a cara y respetar al otro. El comercio facilita que lo cultivado o fabricado en un lugar sea consumido en otros pueblos y que estos entreguen asimismo sus secretos. Mediante el comercio la tierra se hace una: tenemos acceso a los productos de secano en un lugar de regadío. Tenemos acceso a los bienes de la sabana en el desierto, de la selva en la ciudad. El comercio rompe el compartimento estanco de nuestro ecosistema y nos aboca al otro.[64]

---

[64]. Para una reflexión más amplia sobre el tema, véase «Prohibición de la usura y apología del comercio», en Prado, *El islam anterior al Islam, op. cit.*, pp. 151-178.

En la ciudad de Medina existía un comercio que implicaba el crédito sin intereses, la iniciativa privada y el tener asalariados. También Proudhon defendió el crédito franco e incluso alentó la creación de un banco popular que favoreciese la autonomía de los trabajadores, idea criticada por Marx como una «fantasía pequeño-burguesa». El islam no niega que puedan darse en la sociedad ciertas desigualdades; no es una utopía igualitaria que arrase con las diferencias. El Corán es explícito: Al-lâh ha favorecido a unos más que a otros. Pero todas las medidas señaladas son tendentes a evitar la acumulación de riqueza. Una vez más, el anarquismo islámico se presenta como un término medio entre el igualitarismo impuesto por ley y las desigualdades que se derivan de la iniciativa y de la pericia de los individuos.

Azaque

Por ello es necesario establecer un último mecanismo de redistribución de la riqueza, el azaque. El azaque es uno de los cinco pilares del islam, la purificación de los bienes terrenales. Debe entregarse anualmente y consiste en un determinado porcentaje sobre bienes concretos. El Corán menciona los destinatarios «naturales» del azaque:

Las ofrendas dadas por Al-lâh son solo para los pobres, los necesitados, los que se ocupan de ellos, aquellos cuyo corazón debe ser reconciliado, para la liberación de seres humanos de la esclavitud, para aquellos que están agobiados por deudas, por la causa de Al-lâh y el viajero:
es una prescripción de Al-lâh y Al-lâh es omnisciente, sabio. (9: 60)

Al dar el azaque, devolvemos algo de lo que Al-lâh, en su generosidad, ha puesto en nuestras manos, lo devolvemos al mundo del cual lo hemos tomado como parte necesaria según las leyes lícitas del intercambio. Es algo necesario para el libre gozo de lo que hemos logrado, sabedores de que toda posesión es pasajera, que no hay nada esencial que nos vincule a los bienes materiales, por muy apegados que estemos a ellos. Es por ello que se nos habla de una «purificación de nuestros bienes» (19: 55) y, en esta dirección, podemos definir el azaque como la conciencia de que nada de lo que tenemos es realmente nuestro. El azaque se considera obligatorio. Reconocer a los necesitados un derecho sobre nuestras posesiones es muy diferente a dar una limosna. Implica reconocer que todo pertenece a la comunidad y que Al-lâh ha depositado en unos determinados hombres unas posesiones para que sean administradas a favor de la comunidad. Esto es coherente con la idea de que las provisiones de los pobres están en las haciendas de los ricos.

Ecología

Podemos encontrar en el Corán las claves de un modo de vida que puede ser calificado como ecológico. El Corán contiene una poética de la creación, no existe una fractura entre el cuerpo y el espíritu, ni la idea del pecado original ni la imagen del espíritu caído en el mundo natural. La idea central de la cosmovisión islámica es el tawhid, la unicidad de todo, una visión holística de la creación como un todo integrado. Al-lâh es un principio creador activo en la naturaleza y no un motor inmóvil y distante. Los teólogos musulmanes han hablado del Libro Revelado y del Libro de la Naturaleza, mediante el cual, Al-lâh también se nos revela. Esto implica una identidad entre el signo natural y la palabra revelada. El islam considera la creación como un libro abierto, el cual manifiesta la sabiduría, la majestad y la belleza de Al-lâh. También se considera que todas las criaturas tienen su propia vida, su propio lenguaje y modos de organizarse, que forman comunidades que deben ser respetadas como tales. Existen numerosos hadices acerca del respeto a la naturaleza, como el siguiente:

> *Si llega la hora del día del Juicio cuando uno de vosotros sostiene en sus manos un plantón de palmera, que se apresure a plantarlo.*[65]

---

[65] Al-Bujari, *Al-Adab Al-Mufrad*, libro 27, hadiz 4, lc.cx/faFZuk.

135

En el islam, se considera que los recursos naturales y la vida salvaje tienen sus derechos. La tierra es considerada como un regalo de Al-lâh, su auténtico propietario. Si el depositario de esta propiedad hace un mal uso de la tierra o de los animales a su cargo, la destruye o no la utiliza para los fines que debería, puede ser despojado de su propiedad. El hombre puede usar a los animales para su bien, esto forma parte de sus necesidades naturales, pero no puede usarlos a su capricho: los animales tienen sus derechos, no son seres sin alma a los cuales se pueda tratar de cualquier modo. En el Corán, los animales tienen *nafs*, alma, forman comunidades, se comunican con Al-lâh, lo adoran, cantan sus alabanzas.

Di: «Ciertamente, Al-lâh tiene el poder para hacer descender cualquier signo».
Pero la mayoría de los seres humanos no son conscientes de esto —aunque no hay animal que camine sobre la tierra ni ave que vuele con sus dos alas, que no forme comunidades como vosotros—: ningún detalle hemos descuidado en nuestro decreto. (6: 37-38)

El Profeta prohibió a sus seguidores causar daño a cualquier animal y les pidió que se aseguraran de estar cumpliendo con los derechos de los animales. En una ocasión, contó la historia de un hombre que, tras una larga caminata, y al sentir sed, bajó a un pozo para beber.

Al salir, vio a un perro jadeando de sed que comía barro. El hombre se dijo: «Este perro está tan sediento como lo estaba yo». Volvió a bajar y llenó su zapato de agua para dar de beber al perro. Al-lâh le agradeció por esta acción con el perdón de todas sus faltas anteriores. Le preguntaron entonces: «Oh, Muhámmad, ¿tendremos una recompensa por ser buenos con los animales?». El Profeta contestó: «Cualquier bien que se haga a una criatura viva obtiene una recompensa».

En otra ocasión, narró la historia de una mujer que fue arrojada al fuego del infierno por tratar mal a su gato: no le dio de comer ni de beber mientras lo tuvo encerrado, ni lo dejó salir para que se alimentara de insectos y cazara sus presas. También prohibió las peleas de animales y cazar por placer. Dijo:

> Quienquiera que mate a un gorrión o a un animal mayor sin respetar su derecho a existir, tendrá que dar cuenta por ello en el día del juicio.

En las últimas décadas se han escrito y publicado una avalancha de artículos y de libros que ponen en evidencia la conexión profunda entre el islam y la ecología, o sobre la ética islámica respecto a la naturaleza, postulando una bioética o una ecoteología islámica. Estos discursos denuncian como no islámica la fractura entre cuerpo y espíritu, mente y materia, hombre y naturaleza, y postulan la vuelta a una concepción unitaria y dinámica de la creación, en la cual todas las criaturas están conectadas entre sí. La religión ha ahondado a menudo en la brecha que separa al ser humano de la naturaleza, degenerando en una razón instrumental que se suponía al servicio de un dios todopoderoso y supranatural, que solo puede hallarse tras la superación de «lo natural» en beneficio de «lo espiritual». Frente a esta religiosidad típicamente metafísica, la ecología nos sitúa en el camino de la recuperación de la feetra, de nuestra naturaleza primordial, una espiritualidad o modo de vida que nos hermana con la creación.

Yihad y Estado

> *¡Oh, vosotros que habéis llegado a creer! Sed conscientes de Al-lâh y renunciad a todas las ganancias de la usura que tengáis pendientes, si sois creyentes; porque, si no lo hacéis, sabed que estáis en guerra con Al-lâh y su Enviado.* (2: 277)

Todo lo dicho hasta el momento pone en evidencia hasta qué punto islam y Estado son incompatibles. Y eso a pesar de que existan movimientos que aboguen por la instauración de un Estado islámico y de que, de hecho, existan Estados que se adjetiven a sí mismos como «islámicos». El Estado funciona como una maquinaria de exclusión, tendente a ejercer todo tipo de coacciones para lograr una sociedad homogénea.

Al fundarse sobre el concepto de ciudadanía, establece la dualidad ciudadanos-extranjeros. Ciudadano de un Estado es, en principio, el nacido en un determinado territorio, cerrado por unas fronteras que han sido establecidas mediante la violencia. Pero el musulmán se debe a lo abierto, no admite ser limitado o clasificado por estas categorías artificiales. Recusa las fronteras entre los Estados y rechaza limitar su identidad en función de los intereses de las clases dominantes, rechaza una identidad política impuesta desde arriba. El anarquista es siempre un mal ciudadano, pero es un buen ser humano. Un buen ciudadano es aquel que acepta (aunque sea críticamente) el orden criminal que nos gobierna. Como dice el profesor Arcadi Oliveras, somos gobernados por criminales. Un buen ciudadano es aquel que acepta de buen grado ser gobernado por criminales, vivir bajo un sistema de criminalidad organizada que provoca la muerte por hambre de millones de personas.

Pero nada de esto es aceptable, ni para el musulmán ni para el anarquista, ni para cualquier persona a la que no le hayan embotado los sentidos. Se comprende, pues, el carácter combativo del islam y del anarquismo. «Todo aquel que rechaza la autoridad y lucha contra ella es un anarquista». Esta frase de Sébastien Fauré, en su simplicidad, nos conduce al centro de la discusión sobre el yihad. No solo se trata de rechazar la autoridad y tolerarla con desgana (caso del anarca de Jünger), sino de luchar contra ella como se lucha contra el mal, con el fin de derrotarlo, Yihad significa «esfuerzo», un combate constante por lo mejor, por lo más noble y más hermoso, contra lo feo y lo malsano, contra lo retorcido y lo opresivo. No hay nada más antislámico que la indiferencia frente a la injusticia:

> *Quien sea que vea una injusticia, que la subsane con su mano; de no poder hacerlo, [que la subsane] con su lengua; de no poder hacerlo, [que la subsane] con su corazón —y esto es lo más débil de la entrega—.*[66]

Por eso, todo musulmán es un *muyahidín*, un combatiente. Este combate es doble: interior y exterior, un combate individual por la mejora de nuestro carácter y un combate social contra la injusticia. Pero no hace falta ser un gran sabio para darse cuenta de que en realidad estos dos combates son el mismo: es la transformación interior la que nos lleva a luchar contra las injusticias y la entrega a los demás nos mejora y humaniza.

En su dimensión de lucha armada, el yihad es solo aceptable como autodefensa, para repeler una agresión. No tiene nada que ver con el terrorismo. No puede hacerse pasar una agresión por yihad, pues el Corán es muy explícito:

---

[66] Nawawi, *Los cuarenta hadices*, *op. cit.*, hadiz 34.

Y combatid por la causa de Al-lâh a aquellos que os combatan, pero no cometáis agresión —pues, ciertamente, Al-lâh no ama a los agresores—.
(2: 190)

En su dimensión más radical, el yihad cubre toda la vida del musulmán, exigiéndole la movilización de todas sus energías, ponerse en juego, jugársela y no permanecer en la trinchera de sus seguridades miserables, de sus pequeñas certezas y egoísmos. El musulmán debe exteriorizar y cultivar en el combate las más nobles cualidades: el valor, la entrega, su generosidad, el desapego, la capacidad de resistencia, su fidelidad a la palabra dada, su preferencia por la paz... El yihad es, fundamentalmente, un acto de entrega absoluta. El musulmán combate por Al-lâh, lo cual implica combatir por lo más grande, por la justicia y la sabiduría, por la paz y la belleza. Lo fundamental del yihad es remover cimientos, derribar ídolos, acabar con la pasividad de la criatura esclava de sus pasiones y de los seres que la oprimen mediante esas pasiones. Liberar al ser humano.

Musulmanes y anarquistas combaten básicamente por lo mismo. Su objetivo compartido es el de re-establecer un tipo de relaciones basadas en el mutualismo y el cooperativismo, es decir, en la solidaridad entre iguales. Y digo re-establecer, pues ni el profeta Muhámmad ni los fundadores del anarquismo pensaron que habían inventado algo nuevo. Consideraban sus principios básicos —defensa a ultranza de la libertad, defensa de la naturaleza, la toma de decisiones en común, solidaridad y ayuda mutua— como valores tan viejos como la humanidad. Al igual que el anarquismo, el islam no se presenta como una creación humana, sino como el modo de vida de Adán, la religión natural del ser humano. El Corán insiste en que no contiene nada nuevo, sino una enseñanza tan antigua como la propia creación. En este sentido, islam y anarquismo ponen en cuestión la idea de progreso, el mito de una humanidad que avanza de las cavernas a la luz a través de hacerse cada vez más compleja, más civilizada. Al cuestionar la idea de progreso, cuestionan la idea de la superioridad de la civilización occidental, el eurocentrismo en el cual somos adoctrinados desde niños por medio de la escuela y los *mass media*.

En este punto se comprende que el Estado haya asociado el islam y el anarquismo con la violencia, con un tipo de violencia que llaman «terrorismo». El marxismo ha sido considerado por el capitalismo como un sistema rival, pero en el fondo se trata de un sistema que respeta lo central: la estructura del poder, una sociedad basada en la imposición de un sistema y la regulación de las relaciones humanas por parte del Estado, basado en lo que Foucault llamó «biopolítica», esto es, control biológico de las poblaciones mediante instituciones coercitivas como son la clínica, la prisión y la escuela, mediante las cuales se tiende a crear sociedades homogéneas. En este sentido, no hay diferencia entre capitalismo y marxismo, especialmente el leninismo. No sorprende que en Barcelona tengamos una plaza Karl Marx. Y no sorprende saber que, ya a finales del siglo XIX, Bakunin advirtió a los seguidores de Marx en contra de «la burocracia roja» que instituiría «el peor de todos los gobiernos despóticos» si las ideas de Marx fuesen alguna vez implementadas.

Pero el islam y el anarquismo no son sistemas de organización rivales, son otra cosa. Lo que inquieta del islam y del anarquismo es el hecho de que constituyen una recusación sin paliativos del sistema, de la propia razón de ser del Estado como garante del funcionamiento de la sociedad. Islam y anarquismo resultan incomprensibles para millones de personas, incapaces de pensar su vida en un contexto diferente, secuestrados por el aparato del Estado y la política-espectáculo con la cual los medios nos agreden a diario. El musulmán y el anarquista son vistos como peligrosos, como seres asociales, que no participan de los mitos fundadores del Estado y de la modernidad occidental. Son, por ello, asociados a la violencia primitiva, al terror de las pulsiones ancestrales. Pues lo que defienden es la bondad intrínseca al estado de naturaleza frente al estado de cultura. La sencillez frente a la complejidad, lo horizontal frente a lo piramidal, el retorno a la realidad al margen de la ficción en la que hemos convertido la vida. El anarquista dice: ni Dios, ni jefe, ni Iglesia, ni Estado. El musulmán exclama: no reconozco ninguno de los ídolos que vosotros adoráis; solo a Al-lâh me someto. De él venimos y a él es el retorno. La libertad absoluta a la que aspiran el musulmán y el anarquista los hace odiosos a los ojos de aquellos que han asumido la esclavitud como forma de vida. Se comprende que uno y otro hayan sido demonizados, caricaturizados y presentados como los archienemigos de la civilización capitalista.

Umma, una comunidad islámica

Una comunidad de hombres que se someten al Origen, y no a sus manifestaciones. Una comunidad no idolátrica, de seres no gregarios, no sumisos a ninguna de las proyecciones o proyectos meramente humanos: la patria, la religión, la libertad, el Estado, la razón, la naturaleza... Una comunidad de seres autónomos y solidarios, centrada en la recusación de toda idolatría, vigilante de las operaciones mediante las cuales el poder-saber se apodera de Al-lâh para sus fines. Una comunidad de hombres y mujeres que no aceptan órdenes de nadie, que se saben califas de la creación y se niegan a someterse a ningún poder humano, ni a las abstracciones vacías con las cuales este trata de justificarse. La idea de la umma, *insha Al-lâh*, una comunidad inspirada en el Mensaje libertario del Corán, un mensaje inscrito en el corazón de cada criatura desde el principio de los tiempos y que, por tanto, nos pertenece a todos por igual.

En el Corán, Muhámmad es calificado en diversas ocasiones como «profeta *ummi*», lo cual es traducido como «iletrado». Y dice que ha surgido de entre los ummiyún. Esto significa que es un enviado que pertenece a las gentes, que ha salido de entre los humildes, y no de entre los eruditos ni de entre las élites sociales. La palabra árabe *umm* significa al mismo tiempo «madre, fuente, origen, principio, prototipo». La palabra *umma* denota primordialmente una comunidad, un grupo de seres vivos con características y circunstancias comunes. Uniendo ambas palabras, podríamos hablar de una «matria»: la tierra materna, la tierra como madre. Ese es el lugar al cual Muhámmad y sus seguidores pertenecen, no a una estructura de poder artificial creada por el ser humano (patria, Estado, nación...).

La comunidad fundada por el profeta Muhámmad, la umma referida en el Corán, no existe. Es, de modo único y exclusivo, aquella comunidad concreta, desaparecida ya hace siglos, en el momento de la muerte del Profeta. Pero es actual en cuanto que permanece como arquetipo universal, como plasmación de una necesidad interna. La búsqueda o el anhelo de comunidad como algo esencial al ser humano, en cuanto criatura consciente de su contingencia, de su carácter incompleto y acabable. Una conciencia que no implica la renuncia a nuestra individualidad en beneficio de nada humano (categorías políticas creadas y, por ello, también contingentes). El musulmán sabe que todo lo que pueda ser fijado en una forma está destinado a desaparecer. Esto es extensible a la raza, la patria, la cultura, la religión, la ideología... Todos aquellos principios en los cuales el Estado fundamenta su poder. Todos estos principios están destinados a desaparecer en el pozo sin fondo de la historia. Incluso la propia naturaleza, la diosa de nuestras ilusiones de armonía. Incluso la propia humanidad, otra abstracción o concepto metafísico que nos conduce a la fractura de la teoría y lo concreto.

Todo nos conduce a señalar la profunda contradicción entre el Estado y la umma. No se trata de que la umma sea (o apunte hacia) un Estado religioso supranacional (como quieren algunos), sino de la incompatibilidad entre un concepto de comunidad basado en la fijación de una identidad político-religiosa común a un territorio y el islam en cuanto que apertura incondicional e ilimitada a Al-lâh, no sujeta a territorialización alguna. La equiparación de los términos umma y nación constituye la operación quirúrgica mediante la cual el islam es encajado en el marco del Estado nación, su entrada en la modernidad occidental. El musulmán exclama *Al-lâhu Akbar*: Al-lâh está siempre más allá, no puede ser representado ni es susceptible de ser cosificado en una forma política concreta. Al-lâh no puede ser fijado, nos remite a lo abierto.

Es comprensible que, en su análisis del pensamiento político de Ibn Jaldún, Abdulá Laroui haya sacado las siguientes conclusiones: «La expresión "Estado islámico" es en sí misma contradictoria, si nos atenemos a los datos de los historiadores y a los análisis de los legistas y filósofos, tal y como los sintetizó Ibn Jaldún [...]. La lógica profunda del análisis jalduní quiere que la realización del ideal ético islámico, que implica necesariamente la desaparición del Estado como tal, exige un milagro comparable al que lo hizo posible durante un breve periodo de tiempo en vida del Profeta».[67]

Tras la desaparición del Profeta, una comunidad islámica sería una comunidad acéfala: sin jefe, sin cabeza, sin razón razonable, sin cálculo realizado desde el poder y para el poder. Desde el sometimiento al Creador de los cielos y la tierra, a la Realidad Única en sí misma, no a ninguna de sus representaciones. Una comunidad de iguales no homogéneos, de iguales ante Al-lâh. La comunidad de Adán, la comunidad de la feetra. Una comunidad que no subordina unos seres a otros, sino que los vuelve accesibles los unos a los otros: los entrega, los pone al servicio los unos de los otros, unidos en la conciencia de que todos los seres humanos son hijos de Adán, potenciales califas de Al-lâh sobre la tierra.

<hr />

67. Laroui, *El islam árabe y sus problemas, op. cit.*, pp. 63 y 65.

Coda

Nuestra tesis es que el islam que practicó y transmitió el profeta Muhámmad, el Mensajero de la Realidad, se clarifica al ser presentado como una forma de anarquismo místico, basado en el sometimiento de cada individuo a la Realidad Única y en la emancipación del ser humano de toda forma de poder o de coacción externa a él. Este anarquismo no es meramente político; es más, se trata de una emancipación de lo político. Esta emancipación es individual, pero no individualista, sino comunitaria. Emanciparse de lo político pasa aquí por orientarse a Al-lâh, la Realidad Única, que a todos nos congrega. Al-lâh es lo único que existe, la Realidad Única, y no puede ser fijado ni representado. En el momento en que el ser humano ha logrado el perfecto estado de servidumbre o entrega a Al-lâh, deja de ser un ego separado y pasa a actuar movido únicamente por Al-lâh. El amante queda reflejado en el espejo del Amado. Es por ello también una mística, entendida como experiencia individual de encuentro con la divinidad, sin mediaciones ni representaciones, un encuentro que se produce en el corazón de cada criatura. Existe un estado de complicidad entre el místico y Al-lâh, una manifestación de Al-lâh específica e interior a cada criatura, que, al ser recordada, nos vuelca en la realización de buenas y bellas obras de forma natural, sin que sea necesaria una coacción exterior. Todos estamos unidos en Al-lâh, todos somos hijos de Adán, todos somos uno. La libertad, la solidaridad entre iguales, la ayuda mutua, el respeto a la creación, la adquisición de las más nobles cualidades, la búsqueda de la excelencia: todo ello es parte de la naturaleza primordial de toda criatura. Una comunidad islámica es una comunidad de seres libres, el marco en el cual esta naturaleza emerge sin dificultades.

Mística y anarquismo convergen en nuestra vivencia del islam. El anarquismo alude a la política liberada de la tiranía del poder, y lo místico alude a la espiritualidad liberada de las ataduras de la religión. El islam es una síntesis de ambos.

Terrassa, marzo de 2009
Almodóvar del Río, Ramadán 14

جهاد

Yihad

Esfuerzo
Lucha

VIRUS

OTROS TÍTULOS DE ESTA COLECCIÓN

La forma-comuna
La lucha como manera de habitar
••
Kristin Ross

ISBN 978-84-17870-41-6 | 160 pp. | 12 €

∿

Anarquismo social
o anarquismo personal
••
Murray Bookchin

ISBN 978-84-92559-94-7 | 192 pp. | 10 €

∿

El desierto que viene
La ecología de Kropotkin
••
Mike Davis

ISBN 978-84-92559-81-7 | 64 pp. | 8 €

Impreso en junio de 2025
en Gráficas COFAS,
Madrid